अँधेरे का ताला

अँधेरे का ताला

ममता कालिया

वाणी प्रकाशन

वाणी प्रकाशन

4695, 21-ए, दरियागंज, नयी दिल्ली 110 002

शाखा

अशोक राजपथ, पटना 800 004

फ़ोन : +91 11 23273167 फ़ैक्स : +91 11 23275710

www.vaniprakashan.in
vaniprakashan@gmail.com
sales@vaniprakashan.in

ANDHERE KA TALA
by Mamta Kalia

ISBN : 978-81-8143-999-4
Novel

प्रथम संस्करण 2009
आवृत्ति 2018

मूल्य : ₹ 75

एम.एस प्रिंटर्स, दिल्ली-110 093 में मुद्रित

वाणी प्रकाशन का लोगो मक़बूल फ़िदा हुसेन की कूची से

जल्द-जल्द पैर बढ़ाओ, आओ, आओ।
आज अमीरों की हवेली
किसानों की होगी पाठशाला,
धोबी, पासी, चमार, तेली,
खोलेंगे अँधेरे का ताला।
एक पाठ पढ़ेंगे, टाट बिछाओ।

–निराला

इस वक़्त हाज़िरी ली जा रही है।

रंजना श्रीवास्तव—येस मिस!

रंजना श्रीवास्तव—प्रेज़ेंट मैम!

रंजना श्रीवास्तव—येस मैडम!

क्लास में दस रंजना श्रीवास्तव हैं। पिता के नाम अलग हैं पर रोल कॉल में पिता का नाम लेने की परम्परा नहीं है। ऐसा लगता है जैसे रिकॉर्ड की सुई एक जगह अटक गयी है। यही हाल कंचन देवियों और वन्दना गुप्ताओं का है। लड़कियाँ अगड़म-बगड़म जवाब दे रही हैं। प्रॉक्सी भी जम कर चल रही है। हाज़िरी पूरी होने तक दस-बीस लड़कियाँ सक्सेना बहनजी को घेर लेती हैं,

"हमारा नाम, मैडम हमारा नाम?"

लम्बी छात्राएँ उचक-उचक कर रजिस्टर में झाँकती हैं,

"मिस, कल हम उपस्थित थे, आपने एब्सेन्ट कैसे लगाया?"

सक्सेना बहनजी निरुपाय-सी 'पी' लगा देती हैं।

कुछ देर 'ए' को पी बनाया जाता है।

अब बहनजी अपनी पुस्तक खोलती हैं—'काव्य-सुषमा।'

रंजना श्रीवास्तव चतुर्थ अभी तक खड़ी है।

"मैम, आपने मुझे 'ए' कैसे लिखा? घर से तो मैं रोज़ आती हूँ।"

बिन्दु पांडे और माया तिवारी कहती हैं, "पर कॉलेज कहाँ पहुँचती हो?"

"भई, इस तरह रोलकॉल को ले कर रोज़ समय नष्ट न किया करो। मैं अटेन्डेंस लेनी बिल्कुल बन्द कर दूँगी।" सक्सेना बहनजी कहती हैं।

"लेकिन मैम, आपने मुझे 'ए' कैसे लगाया?"

मनीषा यादव भी खड़ी हो जाती है "मैम, आप किसी को भी एब्सेंट कर देती हैं।"

सक्सेना बहनजी मेज़ पर डस्टर पटकती हैं।

"बैठ जाओ, बैठ जाओ," कुछ लड़कियाँ रंजना श्रीवास्तव चतुर्थ और मनीषा यादव को समझा रही हैं।

सक्सेना बहनजी का स्वर चढ़ जाता है, "लड़कियो, जनवरी आ गयी है। अभी आधा कोर्स भी नहीं हुआ।"

रंजना श्रीवास्तव चतुर्थ अपनी किताब बन्द कर देती है, "भई, हम तो एब्सेंट हैं। हमें क्या पता मैम क्या कह रही हैं?"

कॉलेज से सटा गोरा क़ब्रिस्तान है। वहाँ सैंकड़ों साल पहले दिवंगत हुए अंग्रेज़ों की क़ब्रें हैं। कई क़ब्रों पर ऊँचे बुर्ज बने हैं। दो-तीन पर मध्यम आकार की मीनारें। पुरातत्व सर्वेक्षण विभाग ने पिछले दो साल से यहाँ माली रख कर बग़ीचा लगवा दिया है। तरह-तरह के फूलों के बीच क़ब्रें ऐसी लगती हैं जैसे तरंगित जीवन के बीच मृत्यु के शिलालेख।

कॉलेज की हर खिड़की क़ब्रिस्तान में खुलती है। कॉलेज के लोगों को अभ्यास पड़ गया है। अब क़ब्रें न तो उदास करती हैं, न भयभीत। ग्यारह साल पहले जब वे आयी-आयी थीं, सक्सेना बहनजी को क़ब्रें दिखना मनहूस लगता था। वे खिड़कियाँ बन्द रख कर पढ़ातीं पर तब मुश्किल यह थी कि श्यामपट पर लिखना दूभर हो जाता। कमरे बड़े थे पर उनमें रोशनी के नाम पर फ़्यूज़्ड बल्ब लटके रहते।

बड़ी बहनजी से कहने पर समस्या का कोई हल नहीं निकलता। बड़ी बहनजी पंचम स्वर में चिल्लाती हैं, "अभी उस दिन तो सब क्लासों में बल्ब लगवाये थे, कहाँ गये? ए बिरजू, शकुन, ननकी—कहाँ गये सब!"

आज सबसे पूछा जायगा। सबकी ऐसी-की-तैसी होगी। इससे बल्ब नये नहीं आ जायंगे, पर, बड़ी बहनजी के हाथ सबको कसने का नायाब मौक़ा आ जायगा।

आज दीवारों पर जाले भी लटकते मिल जायंगे। डेस्कों पर धूल, मटकों पर काई, लैब की सफ़ाई—सबका मुआयना होगा।

क्लास में रखे डस्टर का भी यही हाल है। कितना भी सँभाल कर रखा जाय, मौक़े पर डस्टर मिलता ही नहीं। टीचरों ने इन सब मुश्किलों का हल अपने स्तर पर कर लिया है। वे श्यामपट पर ख़ाली जगह का इस्तेमाल कर उसे वैसा ही छोड़ देती हैं। हिन्दी, संस्कृत, अंग्रेज़ी की गड्ड मड्ड इबारत कुछ इस तरह बनती है 'तू दयानि दीन हौं, विद्यायाश्च फलं ज्ञानं विनयस्य, शेक्सपीरियन सॉनेट...'

"इससे तो अच्छा हो क़ब्रिस्तान में जा कर क्लास ले लिया करें।" सक्सेना बहनजी लड़कियों की जड़ता से खीझ कर भुनभुनाती हैं।

"वहाँ अटेन्डेंस हमेशा फ़ुल निकलेगी।" वन्दना गुप्ता कहती है। सक्सेना बहनजी जाते-जाते भड़कती हैं, "आप लोग खड़ी होती हैं, प्रणाम नहीं करतीं?"

"किया था, और क्या लेट कर प्रणाम करें?" रंजनाएँ बड़बड़ाती हैं। जैसे-तैसे ढाई बजते हैं।

बहनजी लोग अपने-अपने पर्स और पानी की बोतलें कन्धे पर लटका, शिथिल कदमों से बाहर चल देती हैं। शकुन बड़बड़ाती है, "ई तो पढ़ाय के चल दीं, हमार तो मरण है। बड़ी बहनजी देर से आती हैं, फिर चार बजे तक नाच नचाती हैं। हम सबेर से आयी हैं, मुँह नहीं जुठारा है। आज बीफे है, पूजा करी तबहु न पराठा-सब्जी खाई।"

बड़ी बहनजी भुनभुनाती हैं, "ये देखो, सब-की-सब चली गयीं। इन्हें घर जा कर कसीदे करने हैं न! जी. ओ. में लिखा है—सबको छह घण्टे रुकना अनिवार्य है। रुकती हैं कोई!"

सुरेन्दर दीवार पर हनुमानजी का चित्र बना रहा है। किसी ज़माने में वह चुनाव में वॉल राइटिंग किया करता था। वही आदत पड़ी हुई है। जहाँ कहीं ख़ाली दीवार देखता है, तस्वीर बनानी शुरू कर देता है। पहले हर जगह लिख देता था 'मेरा भारत महान!' बड़ी बहन जी ने टोका तो उसने नारे लिखना बन्द कर तस्वीर बनानी शुरू कर दी। अब कॉलेज की हर दीवार पर हनुमान, दुर्गा, गणेश और कृष्ण बना देता है। देवी-देवताओं से बड़ी बहनजी ख़ौफ़ खाती हैं। मन-ही-मन कुढ़ती हैं पर कुछ बोलती नहीं। अब ये चित्र अगली पुताई में ही मिटेंगे।

छुट्टी होने पर कॉलेज मिनटों में ख़ाली हो जाता है। बस, बड़ी बहनजी बच जाती हैं या खिड़कियों से दीखती क़ब्रें। ऑफिस का असली काम ढाई बजे के बाद ही शुरू होता है। तभी डाक आती है और तभी तक दिन भर की फ़ीस का हिसाब। बड़ी बहनजी नाक पर चश्मा आगे कर एक-एक हिसाब मिलाती हैं, फिर चिल्लाती हैं, "ए ननकी, ज़रा फ़ीस बाबू को बुलाओ। सन्ध्या चौधरी को आज टी.सी. दिया था। कहाँ है दो रुपये की एंट्री?" फ़ीस बाबू आ कर हिसाब समझाता है और गेट पर पान खाने चला जाता है।

बड़ी बहनजी अब छात्रवृत्ति का रजिस्टर खोल कर हिसाब मिलाती हैं।

2

आज कॉलेज में सबके चेहरे खुशी से चमक रहे हैं। बड़े बाबू अपनी प्रिय अध्यापिका के पास बैठे चाय पी रहे हैं। संस्कृत का तीसरा पीरियड है लेकिन संस्कृत प्रवक्ता भी पास बैठी स्वेटर बुन रही है। बिरजू ने अभी-अभी चम्पा सुरती की फंकी लगायी है और आँखें आकाश में टाँग कर अपने स्टूल पर मगन बैठा है।

स्वाधीनता का सुख है आज। आज बड़ी बहनजी नहीं आयी हैं। कल ही उनकी आवाज़ नहीं निकल रही थी। इसका एहसास उन्हें तब हुआ जब वे ननकी को झिड़क रही थीं। ननकी पर अनुकूल असर न पड़ते देख वे समझ गयीं आज आवाज़ में दम नहीं है। वैसे बड़ी बहनजी जल्दी बीमार नहीं पड़ती, न कभी छुट्टी लेती हैं। उनकी छुट्टियाँ यों ही धरी रह जाती हैं जबकि बाकी सब कर्मचारियों को छुट्टियाँ कम पड़ती हैं। संस्कृत बहनजी कल्पना करती हैं, बड़ी बहनजी अगर तीन दिन न आएँ तो एक स्वेटर पूरा हो सकता है। घर में ज़रा समय नहीं मिलता। रात भी उनकी अपनी कहाँ! पति के आग्रह-अनुरोध और बच्चों को ढकने-सुलाने में रात निकल जाती है। लड़कियों का क्या है। वे वैसे भी गाइड और गैस-पेपर के सहारे रहती हैं। जब वे पढ़ाती हैं तब क्या मजाल कि कोई लड़की नोट्स लिख ले। क्लास के बाद उनसे ज़िद करती हैं, "दीदी, अपनी डायरी दे दीजिये, नोट्स उतार लें।"

संस्कृत बहनजी डायरी नहीं देतीं। उसमें घर के दस कच्चे-पक्के हिसाब लिखे हैं। वे लड़कियों को एक डाँट पिलाकर रवाना कर देती हैं।

आज चाय का समय ख़त्म होने में नहीं आ रहा। समोसे भी मँगा लिये गये हैं।

लायब्रेरियन सुबह से छात्राओं के इन्तज़ार में ऊपर मक्खी मार रहा था। अन्त में वह भी लाइब्रेरी चपरासी के हाथ सुपुर्द कर नीचे आ जाता है।

''अगले दिन भी मौसम ऐसा रहा तो 12 से 3 की पिक्चर चला जा सकता है।'' तिवारी बहनजी कहती हैं। उन्हें पिक्चर का बेहद शौक़ है। उनके पति पिक्चर हॉल में बैठना नहीं झेल पाते।

''इतनी फ़िल्में टी.वी. पर आती हैं, देख क्यों नहीं लेती?'' वे कहते हैं।

''कैसे देखूँ, हर समय तो कोई न कोई काम हाज़िर रहता है।''

अगले दिन बड़ी बहनजी गले में स्कार्फ़ लपेटे काम पर आ जाती हैं। कॉलेज में फिर सन्नाटा खिंच जाता है।

''बिरजू, यह चिट्ठी ले कर निदेशालय जाना है'', बड़ी बहनजी बैठे गले से कहती हैं।

''हमारी साइकिल ख़राब है। आप कहें तो रिक्शे से चले जायं?''

चपरासियों को रिक्शे से भेजने का कोई प्रावधान कॉलेज के बजट में नहीं है।

लल्लन से कहा जाता है। लल्लन अपना बायाँ पंजा आगे करता है ''देख रही हैं गुरुजी, पैर में फोड़ा निकला है। बड़ा पिरात है। हमार जाना मुश्किल है।'' बड़ी बहनजी फटे गले से चिल्लाती हैं, ''यह अरजेन्ट चिट्ठी कैसे जायगी! क्या मैं ले कर जाऊँगी? एक ही दिन में सबकी साइकिलें टूट गयीं, पाँव फूट गये।''

बड़े बाबू सुबह दस बजे आये थे। एक चिट्ठी के पुराने लिफ़ाफ़े पर संदेश लिख कर छोड़ गये हैं—वेतन बिल पास कराने डी.आई.ओ.एस. जा रहे हैं।

डी.आई.ओ.एस.कॉलेज का मक्का-मदीना है। वहीं से वेतन, एरियर्स, बोनस स्वीकृत होता है।

बड़ी बहनजी किचकिचाती हैं, पर कुछ कर नहीं पातीं।

3

बारह से सवा बारह बजे का वक़्त चाय का होता है। शकुन चाय की बड़ी-सी केतली लाकर टेबिल पर रखती है। चाय के लिये सभी अध्यापिकाएँ दस रुपये महीना जमा करती हैं।

मालवीय बहनजी चाय क्लब की इन्चार्ज हैं। उनकी सख़्त ताक़ीद है कि कोई एक कप से ज़्यादा चाय न पिये। पर तिवारी बहनजी का तर्क है कि वे चाय में चीनी नहीं पीतीं इसलिए उन्हें दो कप चाय मिलनी चाहिये। उनका गला भी बैठा रहता है।

प्रेमा बहनजी की शकुन से अच्छी पटती है। वे क्लासों के बीच आ कर आधा-पौना कप पहले ही चख लेती हैं।

शकुन काँच के ग्लास में काफ़ी चाय बड़ी बहनजी को पहले ही दे देती है। वे चाय पीते ही घड़ी देखती हैं और ननकी को घण्टा बजाने के लिये कह देती हैं। अध्यापिकाएँ कुलबुलाती हैं, "अभी चाय की घूँट भी नहीं भरी कि घण्टा बोल गया। अभी तो गला तर भी नहीं हुआ।"

साढ़े बारह का बारह चालीस हो जाता है चाय सिलटते। बड़ी बहनजी गश्त पर निकल लेती हैं। जो क्लास शोर कर रही होती है, वहाँ वह ख़ुद घुस जाती हैं।

"किसका पीरियड है यह?" जानते हुए भी वह पूछती हैं।

लड़कियाँ हँस देती हैं, "जी यह टी-टाइम पीरियड है।"

सबके पी लेने के बाद सेवकों का नम्बर आता है। लल्लन अपना प्लास्टिक का ग्लास सँभाले बरामदे की सीढ़ी पर बैठा है। इतने लम्बे-चौड़े मैदान की झाड़ू लगाता है, उसे चाय मिलनी ही चाहिये।

बची हुई चाय को पेशल बनाया जाता है। उसमें थोड़ा और दूध और काफ़ी चीनी मिलायी जाती है। जो घर से रोटी-पराँठा लाया है, इसी चाय के सहारे निगल लेता है। कोई-कोई कोरी चाय पी लेता है। ये लोग लाख लड़ें-झगड़ें, खाने-पीने के समय सबमें अद्भुत भाईचारा पैदा हो जाता है।

दाई सुरेन्दर से कहती है, ''अरे आटा हियाईं ले आवा क़रो। हम सेक देई लिट्टी।''

रामदीन थोड़ा नफ़ीस है। दरअसल यहाँ से पहले वह जल संस्थान के एक इन्जीनियर के यहाँ रोटी बनाता था। उसे चुपड़ी खाने की आदत है। साथ में दो-तीन सब्ज़ी। वह आजकल मँहगाई से त्रस्त रहता है। इन्जीनियर साहब का अचानक हार्ट फेल हो गया। उनकी बीवी ने इसकी छुट्टी कर दी। पल्ले की ज़मीन का छोटा-सा टुकड़ा बेचकर रामदीन के हाथ पाँच हज़ार रुपये आये। वही मैनेजर की भेंट चढ़ा कर वह इस पक्की नौकरी में आया है। जब नौकरी लगी, उसके पिता ने प्रसन्न हो कर कहा, ''इसकी पत्री में राजयोग लिखा था, तभी न मिली है सरकारी नौकरी।''

गलन ज़्यादा बढ़ जाय तो सब धूप में निकल आते हैं। कई बार बातों में घण्टी नहीं सुन पाते तो बड़ी बहनजी अपने दफ़्तर से दन्नायी शेरनी की तरह निकल कर दहाड़ती हैं, ''कहाँ मर गये सब के सब? यहाँ सब धूप सेंक रहे हैं, काम कौन करेगा? चलो लल्लन, ऊपर हॉल कमरा बटोरो, कल प्रोग्राम है।''

धूप-सभा विसर्जित हो जाती है। सब इधर-उधर सटक जाते हैं।

यह अजीब, लेकिन सच है कि कॉलेज में भारी काम केवल महिला चपरासी करती हैं। पुरुष-चपरासी बस काग़ज़ और फ़ाइल इधर से उधर ले जाते हैं। बिरजू ग्यारह बजे से बेकल होने लगता है; बड़ी बहनजी से कहता है, ''बैंकवा का कौनो काम तो नहीं है, हम जात हैं।'' बैंक और डाकघर के काम में वह आसानी से तीन बजा लेता है। चार बजे तो बड़ी बहनजी उठ हीं जाती हैं। गेट से उनकी गाड़ी के निकलने पर ही सब चैन की साँस लेते हैं। बड़े बाबू फ़ौरन आलमारी बन्द कर अपना बैग संभाल लेते हैं। सुरेन्दर और बिरजू कक्षाओं में ताले डालने लगते हैं। दाई मुनगे की फली और चौलाई का साग अपने झोले में भरती है, उसने आधे दिन

कॉलेज मैदान का चप्पा-चप्पा हेर कर यह बटोरा है। दाई एक बार दायें-बायें पेड़ों के नीचे निगाह डालती है। कई बार दो-चार लड़कियाँ देर तक बैठी रह जाती हैं। किसी की बस छूट जाती है तो किसी का अभिभावक आने में देर लगा देता है। दाई कॉलेज की पुरानी कर्मचारी है। उसे लड़कियों के घर पहुँचने की फ़िक्र रहती है। कई बार तो वह वाइस प्रिंसिपल की तरह लड़कियों को झिड़क देती है। अगर किसी छात्रा को लेने रोज़ एक ही लड़का आये और लड़की उसे अपना भाई बताये तो दाई का माथा ठनक जाता है। वह ऊँचा सुनती है पर नज़र अभी एकदम साफ़ है। वह अकेले में बड़ी बहनजी को बता देती है, "सूक्ति मिश्रा और अनिता जायसवाल की चाल-ढाल ठीक नहीं। ध्यान रखें।"

फाटक पर लाख चौकीदारी करवाई जाय, अभिभावक शब्द का इस्तेमाल कर बहुत से अवांछित तत्व अन्दर आ ही जाते हैं। आधुनिक तकनीक ने मेटल डिटेक्टर तो बना डाला, मॉरल डिटेक्टर अभी नहीं बना सका है। कॉलेज के लिये यह सचमुच माथापच्ची का प्रसंग है कि जिसे लड़की अपना कज़िन बताती है, वह कज़िन है या पड़ोसी या प्रेमी। कई बार छात्राएँ नौजवान लड़कों को अपना अभिभावक बताती हैं। प्राध्यापिकाओं में कुछ महिलाएँ ऐसे अभिभावकों को सन्देह से देखती हैं, पर प्राचार्य के सामने मुश्किल है कि वह कॉलेज को मेथोडिस्ट चर्च जैसा कठोर नहीं बना सकती। फिर कॉलेज तो दिन के सिर्फ़ छह घण्टे की ज़िम्मेदारी उठाता है। शेष अठारह घण्टे छात्रा किसी से भी मिलने, न मिलने के लिये स्वतन्त्र है। कैसे रोका जा सकता है उसे, जो उद्दाम पवन-सी बह निकले! बड़ी बहनजी हर सप्ताह शनिवार को छात्राओं को नैतिक शिक्षा की ख़ुराक पिलाती हैं पर छात्राएँ इस व्याख्यान से कितनी शिक्षित होती हैं, इसका आकलन टेढ़ा काम है।

4

जुलाई के महीने में जगह-जगह जब दंगा नियन्त्रण वाहन 'वज्र' और अग्निशमन विभाग की लाल दमकल खड़ी दिखायी दे तो इसका मतलब होता है विद्यार्थियों का प्रवेश का मौसम आ गया। पढ़ाई रोज़गार के बन्द दरवाज़े नहीं खोलती फिर भी लाखों की संख्या में छात्र-छात्राएँ अपनी इन्टर की अंक तालिका, हाईस्कूल का प्रमाण-पत्र लिये इन संस्थानों के द्वार खटखटाते हैं। अभिभावकों के मन में यह बात जमकर बैठी हुई है कि इन्टर तक की शिक्षा अधूरी है। कम-से-कम स्नातक स्तर की शिक्षा हर लड़का-लड़की चाहता है।

बड़ी बहनजी के दो ही रणक्षेत्र हैं—प्रवेश और परीक्षा—कर्मक्षेत्रे कुरुक्षेत्रे—जिनमें से प्रतिवर्ष सम्भवामि युगे-युगे होकर वे जीवित बच निकलती हैं। अब एक नयी चीज़ और पैदा हो गयी है—प्रवेश-परीक्षा। कुछ छात्राएँ प्रवेश-परीक्षा में रह जाती हैं। उनके अभिभावक आये दिन धरना देते हैं। लड़की चुपचाप सहमी-सिमटी खड़ी है। अभिभावक बहस करता है, "इन्टर में हमारी बेटी के अस्सी प्रतिशत अंक आये हैं, कैसे नहीं देंगी दाख़िला? हम कोर्ट केस कर देंगे।"

बड़ी बहनजी नन्दिता चक्रवर्ती समझाती हैं, "हमारे भी ऊपर नियम हैं। जो प्रवेश-परीक्षा में फेल है, उसे कैसे ले सकते हैं?"

"तो क्या करें, लड़की को अनपढ़ रखें?"

"गनपत कॉलेज चले जाइए, वहाँ बिना प्रवेश परीक्षा के दाख़िला हो रहा है।"

"कमाल करती हैं आप। आपका कॉलेज हमारे घर के बगलई में है, हम दस मील दूर लड़की को क्यों भेजेंगे?"

जब-जब शिक्षा विभाग की बैठक होती है, नये-नये नियम बनाये जाते हैं। उनके अनुपालन के लिए रोज़ कुलपति प्रपत्र भेजते हैं—चालीस प्रतिशत से नीचे अंक पाने वाले छात्रों को कतई प्रवेश न दिया जाय। 31 अगस्त के बाद किसी को कतई प्रवेश न दिया जाय। 75 प्रतिशत से नीचे उपस्थिति वाले छात्रों को परीक्षा में न बैठने दिया जाय।

नियमावली वाली फ़ाइल मोटी होती जाती है, बड़ी बहनजी दुबली होती जाती हैं।

महिला-कॉलेज में जितनी लड़कियाँ पढ़ने आती हैं, उतने ही उनके अभिभावक। इनमें लड़कियों के पिता और भाई तो होते ही हैं, अवकाश-प्राप्त वे बूढ़े भी होते हैं जो अपनी बहू को कॉलेज जाने की व्यर्थता समझा कर ख़ुद टहलते हुए कॉलेज चले आते हैं। उम्र का लाभ उठाकर वे गेट के चौकीदार को बेटा, चपरासी को भैया-मुन्ना कह कर, खैनी के बल पर जीत कर स्टाफ़ रूम में चले आते हैं। वे सब कुछ एक परोसे में चाहते हैं—पाठ्यक्रम की जानकारी, टाइम-टेबिल, लायब्रेरी से पुस्तकें। प्राध्यापिकाएँ परेशान हो जाती हैं। लड़की आये तो उसे वे पढ़ा भी दें पर इन बूढ़े तोतों से निजात पाना एक समस्या है। वे अपना अतीत-गौरव बता कर प्रभाव पैदा करते हैं। धीरे-धीरे उनका हौसला बढ़ता है। वे एक विज़िट में सब कुछ चाहते हैं। टीचरें थोड़ी देर उनकी बातें सुनती हैं, फिर उन्हें बड़ी बहनजी के कमरे में भिजवा कर खुद क्लास की ओर चल देती हैं।

ऐसे ही एक दिन जब परीक्षा-फ़ॉर्म का काम समेटा जा रहा था, फ़ीस का ड्राफ़्ट बनाया जा चुका था, नामावली की चार प्रतियाँ तैयार की जा चुकी थीं, वह लड़का आया। वह अपनी बहन मिथिलेश सिंह का प्रवेश बी. ए. द्वितीय वर्ष में करवाना चाहता था।

मिथिलेश का प्रथम वर्ष का रिज़ल्ट अभी निकला नहीं था बल्कि कहना चाहिए कि रोक दिया गया था।

यह युनिवर्सिटी की अजीब फ़ितरत थी कि बिना कारण स्पष्ट किये वह कई छात्रों का परीक्षाफल रोक देती थी।

लड़के ने पहले बड़े बाबू से इसरार किया। बड़े बाबू ने कहा, "दाख़िले में हमारी चलती नहीं है। बड़ी मैडम से बात करो।"

लड़का बड़ी बहनजी के कमरे में घुसा। बड़ी बहनजी उस समय विलम्ब से आयी फ़ीस का हिसाब कर रही थीं। एक लाख इक्यावन हज़ार का एक बैंक ड्राफ़्ट उनकी मेज़ पर था। दूसरे ड्राफ़्ट के लिए नन्दिता परीक्षा शुल्क का हिसाब जाँच रही थी।

लड़के ने आ कर प्रवेश की माँग दुहरायी।

नन्दिता चक्रवर्ती ने नियम का प्रपत्र दिखाते हुए कहा, ''अब तीस अक्टूबर को प्रवेश कैसे दे दें?''

लड़के ने कहा, ''रिज़ल्ट नहीं आया, इसमें लड़की का क्या दोष?''

''आप युनिवर्सिटी जा कर रिज़ल्ट पता कर लीजिये और अनुमति ले आइए, हम प्रवेश दे देंगे।''

''रिज़ल्ट पता लगाना कॉलेज का काम है।'' लड़के ने ऐंठ कर कहा।

''युनिवर्सिटी को चार बार लिखा जा चुका है। जब रिज़ल्ट आयेगा, प्रवेश दे देंगे।''

''आप अस्थायी प्रवेश दे दें।''

''उसे फ़र्स्ट यर में लें या सेकेण्ड यर में, कौन तय करेगा?''

''हम तय करेंगे। आप उसे सेकेण्ड यर में प्रवेश दीजिये।''

''यह मेरे हाथ में नहीं है।''

''आप कीजिये प्रवेश, युनिवर्सिटी से हम बाद में निपट लेंगे।''

नन्दिता ने कहा, ''लड़की कहाँ है?''

''वह गाँव में है।''

''उसे ले आइए। हम सीधे उससे बात करेंगे।''

''लड़की नहीं आयेगी।''

''क्यों?''

''क्यों का क्या मतलब? कह दिया, नहीं आयेगी। हम जो आये हैं।''

''ऐसे प्रवेश नहीं होगा, जाइए।''

''देखिए मैडम, आप उसका साल बरबाद कर देंगी, फ़िज़ूल के अड़ंगे मत लगाइये।''

नन्दिता धमकियों से डरने वाली चीज़ नहीं थी। उसे यह भी आभास था कि वह अपने ऑफिस की सुरक्षित कुर्सी पर बैठी है। यहाँ से वह बड़े-बड़ों की छुट्टी अपनी एक भृकुटि से कर देती है।

नन्दिता चक्रवर्ती ने कहा, "आप अपना समय ख़राब कर रहे हैं। इस वक्त मैं फ़ीस का हिसाब कर रही हूँ। आप चले जायं।"

लड़का फिर भी सामने बैठा रहा। वह मैडम को काम में संलग्न देखता रहा।

नन्दिता ने कुछ सोच कर नोटों का बण्डल ड्रॉअर में डाल दिया और रजिस्टर में लड़कियों की संख्या और फ़ीस का गुणा-भाग निकालने लगी।

यह काम अकेले उसका था भी नहीं, पर बड़े बाबू इतने किस्म के कामों में उलझे रहते कि उनका सहयोग प्राप्त करना आसान नहीं था। उनकी विशेषता यह थी कि वे काम लटकाने के सभी गुर जानते थे। तंग आ कर समयबद्ध काम नन्दिता ने स्वयं करने शुरू कर दिये थे। कॉलेज कानपुर युनिवर्सिटी से सम्बद्ध था। अक़्सर आदेश-निर्देशों के डाक से आने में समय लग जाता।

'ठक'! नन्दिता के सिर से कोई भारी चीज़ आ कर टकरायी और ख़ून का फव्वारा उसके सिर से फूट पड़ा। जब तक वह कुछ समझती या चीख़ती, लड़का तेज़ी से उठकर भाग निकला। उसने उन्हीं की मेज़ से उठाकर काँच का भारी पेपरवेट नन्दिता के सिर पर दे मारा था। ख़ून का जैसे नल खुल गया। सिर के बीचोंबीच जा कर पेपरवेट ने गहरा घाव किया। दोपहर बारह का वक़्त था। सभी अध्यापिकाएँ अपनी-अपनी क्लास में थीं। चपरासी अलग-अलग किस्म के कामों से बाहर थे। बड़ी बहनजी के ऑफिस के बाहर पड़ा स्टूल ख़ाली था। आमतौर पर नन्दिता ने लमकी दाई की ड्यूटी अपने कक्ष के द्वार पर लगा रखी थी पर उसे स्टूल पर बैठना बुरा लगता था। वह दफ़्तर के बाहर, दरवाज़े से हट कर बोरा बिछाकर बैठती थी। उसने अपनी उम्र पन्द्रह साल कम लिखा कर यह चपरासगिरी हासिल की थी और सर्विस के चौदह साल गुज़रते-न-गुज़रते उसकी कमर दोहरी हो गयी थी। बढ़ती उम्र के कई रोग उसके अन्दर घर कर चुके थे। वह बहुत ऊँचा सुनती थी और ज़्यादातर तम्बाकू की पीनक में बोरे पर दीवार से सिर टिकाये ऊँघती रहती। घण्टी, घण्टा—किसी की भी टन-टन उसकी तन्द्रा न तोड़ पाती। ऊपर से उसे सीने में दर्द की भी शिकायत हो चली थी। उसका ज़्यादा समय अपनी दवाओं की रंग-बिरंगी गोलियाँ गिनने—सँभालने में व्यतीत होता। तब तक पान के अगले पत्ते की तलब उठ जाती। बिना काम के भी वह

इतनी व्यस्त और आत्मलिप्त रहती कि उससे काम लेने की बारी ही न आती। बड़ी बहनजी की दहाड़ पर कभी-कभी वह गृहविज्ञान प्रयोगशाला में रखे फ्रिज से एक बोतल ठण्डा पानी लाकर उनकी मेज़ पर रख देती।

हस्बेमामूल इस वक़्त भी वह अपनी जगह पर नहीं थी। वह पानी की बोतल लेने प्रयोगशाला गयी थी। वहाँ बिरजू काने बन्दर के कारनामे सुना रहा था।

'ठाढ़े-ठाढ़े बस ओही सुनत रहे,' लमकी दाई ने अफ़सोस से कहा, जब वापसी पर उसने देखा कि दफ़्तर का सफ़ेद फ़र्श ख़ून से लाल रंग गया है और बड़ी बहनजी एक हाथ से सिर दबाये, दूसरे काँपते हाथ से फ़ोन के बटन दबा रही हैं।

''अरे सुनो, सबन जनी हियाँ आओ, बड़ी बहनजी चोटाय गयी हैं,'' दाई ने बाहर मुँह कर गोहार लगायी।

उसकी भर्रायी आवाज़ किसी कक्षा तक नहीं पहुँची। लमकी दाई ने जल्दी से घण्टा टनटना दिया।

लड़कियों के रेले कक्षाओं से निकल पड़े। अध्यापिकाएँ बाहर निकलीं। अब तक सबको अन्दाज़ा हो गया कि बड़ी बहनजी के दफ़्तर में कुछ अघटित घट चुका है। उनके छोटे से कक्ष में भीड़ उमड़ पड़ी। लड़कियाँ खिड़कियों से ताकने लगीं। ''ख़ून, ख़ून''—सब एक साथ चिल्लाने लगीं। नन्दिता के सिर के आगे-पीछे से रक्तधाराएँ फूट कर, ऑफिस के फ़र्श पर गिर कर ईंटें लाल कर रही थीं। उस मटमैले फ़र्श पर शायद सिन्दूर भी इतना चटक न लगता जो रक्त लग रहा था।

अफ़रा-तफ़री का दौर शुरू हो गया। कॉलेज के फ्रिज में बर्फ़ नहीं थी। बाहर की दुकान से बर्फ़ मँगायी गयी। कॉलेज में फ़र्स्ट एड का सामान भी नहीं था। बग़ल के इन्टरमीडिएडट कॉलेज से फ़र्स्ट-एड=बॉक्स लाया गया। सिर में गहरा घाव लगा था। नन्दिता के चश्मे, माथे, होंठ, नाक, ठोड़ी—सब ख़ून से भीगे हुए, चेहरे को वीभत्स बना रहे थे। कॉलेज के फाटक के सामने एक केमिस्ट की दुकान थी जहाँ एक डॉक्टर भी बैठता था। वह होम्योपैथी और ऐलोपैथी की मिली-जुली चिकित्सा करता। डॉक्टर सिंह ने केमिस्ट की मदद से नन्दिता का चेहरा एन्टीसेप्टिक द्रव से साफ़ किया। चेहरा फिर ख़ून से लथपथ हो गया। बर्फ़ भी असर नहीं दिखा रही थी। तब डॉक्टर

ने अपने बैग से कैलेन्डूयूला की शीशी निकाल सिर के घाव में ऐसे उँडेली जैसे कटोरे में पानी। आश्चर्य कि इस उपचार से ख़ून का बहना कम हो गया। डॉक्टर ने तत्पर हाथों से फिर चेहरा साफ़ किया, घाव धोया, उसमे दवा से भीगी पट्टी दबाई और पूरे चेहरे का वृत बनाते हुए सफ़ेद पट्टी बाँध दी। अब तक सुरेन्दर डाकघर से लौट आया था। लमकी दाई को घुड़कने लगा, ''तुम्हारे होते गुरुजी को कैसे चोट लगी? एक बैठने का काम दिया है तुमको, वह भी नहीं करतीं।''

लल्लन पानी की बाल्टी और पोचा ले कर फ़र्श साफ़ करने लगा।

नन्दिता के अन्दर क्रोध का प्रचण्ड आवेग था। उसके ही दफ़्तर में, उसके ही पेपरवेट से उस पर हमला हो गया और वह कुछ नहीं कर सकी। कोई कुछ नहीं कर सका। हमलावर आराम से भाग निकला, कोई उसके पीछे भागा तक नहीं। उसकी ग़लती सिर्फ़ इतनी थी कि वह युनिवर्सिटी के बनाये गये नियमों का अनुपालन कर रही थी। कर देती वह चुपचाप प्रवेश, अभिभावक अपने आप जा कर युनिवर्सिटी से निपटता। पर नहीं, नियम हाथ में आते ही उस पर भूत सवार हो जाता है।

बावजूद इतने रक्तस्राव के, नन्दिता ने न होश खोया, न याददाश्त। उसने ड्रॉअर से निकाल कर नोटों का पुलिन्दा सक्सेना बहनजी को थमाया, ''गिन कर इतने का ड्राफ्ट बनवा लें। कल फ़ॉर्म पहुँचाने ज़रूरी हैं नहीं तो हर फ़ॉर्म के साथ विलम्ब शुल्क लगेगा।''

जो बैंक ड्राफ़्ट मेज़ पर पड़ा था, उस पर ख़ून के कुछ छींटे जम गये थे। नन्दिता ने बड़े बाबू को सौंपते हुए कहा, ''लेखा विभाग में कह देना, यह लाल स्याही बैंक से ही लगी मिली थी।''

ख़बर मिलने पर चक्रवर्ती साहब अपनी पुरानी प्रीमियर पद्मिनी में आ पहुँचे। वे अधेड़ आयु के सुन्दर और संवेदनशील व्यक्ति थे। उन्होंने नन्दिता से बांग्ला में कुछ कहा जो तसल्ली के सिवा और कुछ नहीं था।

इतनी देर से नन्दिता ने अपने मनोबल की प्रत्यंचा तानी हुई थी। अब दिवाकर को देखते ही वह शिथिल पड़ गयी। वह फूट-फूट कर रो दी। जिस बात पर उसे सबसे अधिक रंज और रोष था, वही उसके रुदन में बार-बार व्यक्त हो रहा था, ''मेरे ही दफ़्तर में मुझे मार कर गया।''

दिवाकर चक्रवर्ती ने हॉस्पिटल को फ़ोन किया कि एम्बुलेन्स भेजी जाय। बिरजू और सुरेन्दर बगल की पुलिस चौकी को ख़बर कर आये थे। मगर चौकी पर इतना फोर्स नहीं था कि वह तत्काल मौक़ा-ए-वारदात पर पहुँचता। रक्त-ताण्डव के समस्त चिन्ह मिट जाने के बाद पुलिस घटना-स्थल पर पहुँची, जैसे फ़िल्मों में पहुँचा करती है। उसने डॉक्टर, केमिस्ट, दाई—सबका बयान लिया। पुलिस से पहले पत्रकार पहुँचे और ख़ून सने घटना-स्थल की सचित्र रिपोर्ट ले गये। हमलावर हड़बड़ी में अपनी डायरी मेज़ पर छोड़ गया था। डायरी में उसका नाम, पता और परिचय-पत्र था। पुलिस ने वे सब चीज़ें अपने कब्ज़े में ले लीं।

तीन दिन तक पुलिस अविनाश कुमार सिंह को ढूँढती रही, वह बरामद नहीं हुआ। ख़बर मिलती रही कि घटना के बाद वह क्रिकेट मैच देखता हुआ चाय की दुकान पर नज़र आया, कि वह आठ से नौ के बीच खाना खाने वैष्णव भोजनालय पहुँचा, कि अपने मामा के घर वह रात में सोया। पर यह सब सुनी-सुनायी बातें थीं। हर जगह पुलिस जब भी पहुँची, देर से पहुँची।

देखा जाय तो पुलिस, दुर्घटना की प्रथम सूचना रपट लिखना ही नहीं चाहती थी। उस दिन भी पुलिस चौकी का प्रभारी निरीक्षक बार-बार नन्दिता से पूछता रहा, "आपकी उस लड़के से कोई आपसी रंजिश तो नहीं थी?"

"बिल्कुल नहीं। मैं तो उसे जानती भी नहीं," नन्दिता ने कहा।

"याद कीजिये, कोई पुराना परिचय, ताल्लुक़? हमारा मतलब है तभी लोग ऐसा करते हैं।"

नन्दिता चिढ़ गयी "एक तो आप अपना काम नहीं कर रहे हैं, दूसरे आप फ़िज़ूल की तोहमत लगा रहे हैं।"

छाया मालवीय और करुणा सक्सेना ने कहा, "आपको जो पूछना है, हमसे पूछिये। बड़ी दीदी का सिर दुख रहा है, उन्हें शान्ति की ज़रूरत है।"

काफ़ी हीले-हवाले के बाद पुलिस घटना का ब्यौरा ले कर थाने चल दी।

दो-चार अध्यापिकाओं के साथ नन्दिता को सरकारी अस्पताल पहुँचाया गया। अब तक नन्दिता पूरे होश में थी पर अस्पताल की सीढ़ियों पर पैर धरते ही उसे ज़ोर का चक्कर आया, वह वहीं बैठ गयी। सीढ़ियों पर जगह-जगह पान की पीक के सूखे हुए निशान थे, ख़ून से मिलते-जुलते।

पूरी इमारत गन्दी और ग़मगीन लग रही थी। छाया और करुणा ने उसे सँभाला, दिवाकर आपातकक्ष से व्हील चेयर लेने लपके। कोई वॉर्ड ब्वॉय नहीं मिला तो वे स्वयं उसे चला कर ले आये।

आपातकक्ष में आपात सेवा की कोई तत्परता नहीं थी। उधड़ी रेक्सीन वाले तीनों बिस्तर ख़ाली पड़े थे। ड्यूटी पर तैनात डॉक्टर आराम से बैठा, चाय की चुस्की ले रहा था। तभी कहीं से वॉर्ड ब्वॉय आया, उसने नन्दिता को सहारा दे कर व्हील चेयर से उतारा, बेड नम्बर एक पर लिटाया और ग़ायब हो गया।

साथ आये लोगों ने घटना का ब्यौरा देते हुए डॉक्टर से चिकित्सा की प्रार्थना की।

डॉक्टर ने बड़े इत्मीनान से कहा, ''जब तक एफ.आई.आर. की कॉपी यानि मेमो नहीं आता, हम इन्हें कोई उपचार नहीं दे सकते।''

दिवाकर ने कहा, ''इनका बहुत ख़ून निकल चुका है, मेहरबानी कर आप इलाज शुरू करें। मेमो आता ही होगा।'' डॉक्टर ने एक बड़ा-सा रजिस्टर खोल कर कुछ लिखना शुरू किया।

दिवाकर ने खीझ कर कहा, ''आपातकक्ष में पेशेण्ट आया है और आप चुपचाप बैठे हैं। यही है आपकी आचार-संहिता?''

डॉक्टर ने कहा, ''आचार संहिता का ही पालन कर रहा हूँ। आप मेमो ले आइये।''

दो-तीन लोगों को साथ ले कर दिवाकर पुलिस थाने लपके। पता चला, मेमो तैयार होने में वक़्त लगेगा। क्षेत्राधिकारी ने कहा, ''अब तो सुप्रीम कोर्ट का आदेश है कि मेमो का चिकित्सा से कोई सम्बन्ध नहीं है। इलाज पहले मिलेगा।''

इस जानकारी के साथ लोग वापस अस्पताल आये।

डॉक्टर से एक बार फिर निवेदन किया। उसे क्षेत्राधिकारी वाली जानकारी बतायी गयी। डॉक्टर अपनी सीट से टस से मस न हुआ। उसने ऐलान कर दिया, ''नो मेमो, नो ट्रीटमेण्ट।''

डॉक्टर रूटीन कामों में लग गया। दिवाकर ने उससे कहा, ''प्लीज़ डॉक्टर, मानवीय धरातल पर ही केस देख लें। मेरी पत्नी सिंक कर रही है।''

डॉक्टर ने गर्दन हिलायी, "आज बिना मेमो इनका इलाज कर दूँगा, कल कोर्ट में मेरी पेशी हो जायगी। मैं क्यों भोगूँ मुसीबत? यहाँ तो जो भी आता है, मरने के लिये ही आता है।"

दिवाकर और साथियों के चेहरे लटक गये। तीन घण्टे की झिकझिक के बाद सरकारी अस्पताल में बस इतना इलाज हुआ कि नन्दिता को टैट वैक की एक सुई लगा दी गयी।

पुलिस और सरकारी अस्पताल के रवैये से थक-हार कर दिवाकर, घायल नन्दिता को एक प्राइवेट नर्सिंग होम में ले गये जहाँ उसके सिर पर तेईस टाँके लगाये गये। अब तक उसकी साड़ी, ब्लाउज़ पर गिरा ख़ून सूख कर चिपक गया था। बालों का अलग बुरा हाल था। डॉक्टर ने चोट वाले स्थल के बाल काट दिये थे पर कपड़े बदलने का कोई इन्तज़ाम नहीं था। अन्ततः रात ग्यारह बजे नन्दिता, पति के साथ, अपना काठ-जैसा सुन्न सिर लिये वापस घर पहुँची। नींद की गोली निगल लेने के बाद भी उसे ठीक से नींद नहीं आयी। कभी उसे लगता, सिर के अन्दर बम फट रहे हैं तो कभी लगता, वह अतल सागर में उतर रही है। झोंकों में नींद आती रही, जाती रही।

अगली सुबह के स्थानीय अख़बार इस हमले की ख़बर से रंगे हुए थे। कहीं उसके रक्तरंजित चेहरे की तस्वीर छपी थी तो कहीं उसके ऑफ़िस का ख़ून सना फ़र्श दिखायी दे रहा था। समाज के अन्य मुद्दों की तरह, इस मुद्दे की लड़ाई भी पत्रकारों ने ही लड़ी। अख़बारों के रिपोर्टर वे नवयुवक थे जो निहत्थे, घटनाओं की तह में जाने का जिगरा रखते थे। विस्मय की बात यह थी कि नन्दिता को बिना तंग किये ये नौजवान, जनमत के रखवाले, पूरी घटना का अक्षरशः विवरण आनन-फ़ानन में इकट्ठा कर लाये।

कॉलेज के प्रबन्धक डी.डी. अग्रवाल ने अख़बारों में इस घटना की बाबत पढ़ा। वैसे पता तो उन्हें पिछले दिन ही चल गया था पर अख़बार पढ़ने के बाद उन्होंने रामसरन के साथ नन्दिता के घर का रुख़ किया। रामसरन उनका ड्राइवर भी था और प्रबन्ध-समिति का सदस्य भी। कोरम पूरा करने का इन्तज़ाम था यह। प्रबन्ध-समिति के सदस्यों की सूची में उसके पदनाम के साथ लिखा था—व्यवसायी। इसकी ख़ास वजह थी। पिछले सत्रह साल से वह प्रबन्धकजी को जिला कचहरी लाता, ले जाता था। इस बीच

प्रबन्धकजी ने उसे कचहरी के फ़ाटक पर पान-सिगरेट की गुमटी खुलवा दी। अग्रवालजी विशुद्ध उपयोगितावादी व्यक्ति थे। उनका कहना था, "जित्ती देर हम मुवक्क़िलों से मग़ज़ मारेंगे, उत्ती देर ये क्या करेगा? अरे, चार पैसे कमायेगा, उसमें ज़्यादा नहीं—दो पैसा हमारा हिस्सा। लागत हमारी, मेहनत इसकी। देखते-देखते बिज़नेस चमक जाएगा।"

जिस वक़्त वे दोनों नन्दिता के घर पहुँचे, वह नाश्ता कर रही थी। अग्रवालजी को देख कर प्रसन्न हुई।

"आप भी लें। पराँठा, टोस्ट, क्या पसन्द करेंगे?"

"मैं तो अपने दाँत ले कर नहीं आया। रामसरन, तुमने मेरा डेन्चर गाड़ी में रखा था क्या?" उन्होंने बाहर को मुँह करके पुकारा।

रामसरन ने बाहरी कमरे से जवाब दिया, "जी नहीं।"

"बड़ी बहनजी बढ़िया-बढ़िया चीज़ें खिलाती हैं, ले कर आना चाहिये था।" प्रबन्धकजी ने कहा।

उन्होंने स्नेह से नन्दिता की ओर देखा, "थैंक गॉड, तुम सही सलामत हो। अख़बार में फ़ोटो देख कर तो मैं दहल ही गया। बाप रे बाप! ये अख़बार वाले भी ख़ूब नमक-मिर्च लगाना जानते हैं।"

दिवाकर पास ही बैठे अख़बार पढ़ रहे थे। वे इस बात से एकदम तिलमिला गये। कुछ तिक्तता से बोले, "वे फ़ोटो भी इन्हीं के थे, मौक़ा वारदात पर खींचे गये थे।"

"अरे, तो चेहरे पर ख़ून चुपड़कर फ़ोटो खिंचवाना ज़रूरी नहीं होता।"

"बाबूजी, ख़ून अपने आप बह रहा था, कन्ट्रोल ही नहीं हो रहा था।"

"अब तबियत कैसी है?"

"सँभल रही है।" सिर पर पट्टियों का मुकुट लगाये नन्दिता ने जवाब दिया। दिवाकर चुपचाप बैठे कुढ़ रहे थे। बुद्धिजीवी होने के नाते वे शब्दों में अर्थ की गन्ध जल्दी से सूँघ लेते। वे यह भी जानते थे कि अपनी सक्रियता पर नन्दिता को सहज ही बहुत ग़रूर है। आसानी से अपने को असमर्थ या अस्वस्थ कहना उसके अहम को ग़वारा नहीं। दिवाकर को लगा—आधुनिक कर्मठ, कॉमरेड कहलाने के चक्कर में उसकी पत्नी ने अपना सिर ओखली में डाल रखा है। थोड़ी-सी अबला बन जाती तो इस वक़्त क्या बिगड़ जाता?

उलटे दो-एक हफ़्ते की छुट्टी आसानी से मिल जाती। पर नहीं, इसे तो सामने बैठ कर आलू-पराँठा खाना है, हँस-हँस कर बातें करनी हैं, दुर्घटना को ख़ूब हल्का करके बताना है। सबके चले जाने के बाद यह पलंग पर लेटकर हाय-हाय चिल्लायेगी। कभी सिरदर्द की शिकायत करेगी तो कभी अनिद्रा की। तब कोई आयेगा हाल पूछने वाला? पर दिवाकर जानते थे उनकी पत्नी पर सबला कहलाने का भूत सवार रहता है।

"कब से ज्वाइन करोगी?" अग्रवालजी कहा, "बात यह है कि तुम्हारे बिना कॉलेज में एक मिनट काम नहीं चलता।"

नन्दिता फूली न समायी। इतरा कर बोली, "कल से आ जाऊँ?"

'बेवक़ूफ़ औरत', दिवाकर ने मन-ही-मन दाँत पीसे। बालटी भर ख़ून निकल गया, इस उम्र में जल्द बनेगा भी नहीं। पहले ही एनीमिक थी यह। प्रकट कुछ नहीं बोले। असहमत मुद्रा में उसे देखते रहे।

नन्दिता को आभास हुआ। उसने एक हाथ से पट्टी दबाते हुए पूछा, "दिवि, मैं कल से कॉलेज चली जाऊँ?"

दिवाकर ने अग्रवाल जी से कहा, "आप इनकी सुरक्षा का कोई माक़ूल उपाय कर दें तो ये काम करें।"

अग्रवालजी तिनतिना गये, "मैं इनकी क्या सुरक्षा कर सकता हूँ? मैं किसी की सुरक्षा की गारण्टी नहीं ले सकता। मैं तो अपनी भी सुरक्षा की गारण्टी नहीं लेता। आजकल ज़माना बड़ा ख़राब है। अभी मैं आपके घर से निकलूँ, कोई मुझे गोली मार दे! कोई क्या कर सकता है?"

"ये तो ऐसे ही डरते रहते हैं" नन्दिता ने कहा।

"आपको इनकी इतनी चिन्ता है तो आप डी.एम. को लिखिये, इनको सुरक्षा कर्मचारी दिलवाइये। परछाईं की तरह पीछे-पीछे चलेंगे। आप तो पत्रकार हैं, आपके लिये क्या मुश्किल है?"

अग्रवालजी रामसरन के साथ वापस चल दिये।

नन्दिता बिस्तर में पस्त गिर पड़ी। दिवाकर ने किचकिचा कर कहा, "अब तुम्हारे सिर में दर्द होगा। अभी तक ऐसे चहक रही थीं जैसे सोलह साल की लड़की हो।"

"तुम मुझे हमेशा रोते-झींकते देखना चाहते हो!"

"नहीं, पर तुम नॉर्मल इन्सान की तरह क्यों नहीं बिहेव करतीं? इतना पराक्रम दिखाने की ज़रूरत नहीं होती।"

जब तक नन्दिता के सिर के टाँके नहीं टूटे थे, उसके मन में हमलावर के लिए अपार आक्रोश था और पुलिस की शिथिलता के लिए असन्तोष पर अब डॉक्टर ने टाँके काट दिये थे और घाव भर गया था। चोट की जगह अभी बाल नहीं उगे थे। बाल सँवारने में पूरा सिर दुखता था। लेटे-लेटे बालों की लटें बन जातीं। तेल लगाने से सूरत और भी बीमार और बेचारी लगती। नन्दिता को बार-बार लग रहा था एक बार वह लड़का सामने आये तो वह उससे पूछे, "मेरी कौन-सी बात पर तुम हिंसा पर उतारू हुए?"

पर लड़का तो अभी तक पुलिस की ग़िरफ़्त से बाहर था।

पुलिस की दिलचस्पी अपराधी को ढूँढ़ने में शून्य प्रायः थी। पुलिस बार-बार घर आ कर बड़ी बहनजी का बयान लेती। वह अपनी कच्ची चोट पर हाथ रखे, पहले की बातें फिर दोहराती। नन्दिता वारदात का टेपरिकॉर्डर बन गयी।

दोस्त, परिचित और हितैषी बारी-बारी से आ कर उसे देख गये। छात्र-छात्राएँ भी आती रहीं। शहर में जिसने भी ख़बर पढ़ी, वही आया।

लोगों ने कहा, "चलिये आप बड़ी भाग्यशाली हैं, बच गयीं। मुसीबत सिर्फ़ सिर पर से गुज़र गयी।"

दिवाकर ने कहा, "इस कॉलेज के इतिहास में यह भी दर्ज रहेगा।" लोगों ने कहा, "यह तो कहो यह शहर था, इन्हें इलाज मिल गया नहीं तो गाँव में तो अध्यापकों को यों ही मार-काट कर फेंक देते हैं, कोई चूँ भी नहीं करता।"

नन्दिता और दिवाकर को साथ याद आया—कुछ साल पहले एक इन्टरमीडिएट कॉलेज के प्राचार्य का हश्र। अच्छा-ख़ासा आत्मविश्वास से भरा स्वस्थ व्यक्ति था। कविताएँ लिखता था। तरक्कीपसन्द ख़्याल का था। एक-दो बार इलाहाबाद आया तो उनसे मिला था। अपना एक काव्य-संग्रह उसने भेंट भी किया। चतुर्थ श्रेणी कर्मचारियों की नियुक्ति में किसी नियम को ले कर अड़ गया वह। प्रतिद्वंद्वी खेमे के अभ्यर्थियों ने भाड़े पर हत्यारा बुलाकर, दिन-दहाड़े, समस्त अध्यापक और छात्रों के सामने उसकी हत्या

करवा दी। हत्यारे ने तलवार से काट-काट कर उसके अंग जगह-जगह फेंक दिये। आततायी के हमले के आगे उस लम्बे-चौड़े, शिक्षित आदमी की एक न चली। नपुंसक भीड़ खड़ी सामने देखती रही और वह दबंग प्राचार्य मौत के घाट उतार दिया गया। उसके हत्यारे आज तक पकड़ में न आये। कादीपुर के उस कॉलेज में सात दिन के लिए फाटक बन्द कर दिया गया। पुलिस की तफ़्तीश में हर प्रत्यक्षदर्शी ने यही कहा, "हमें कुछ नहीं मालूम, हम तो क्लास में थे।"

फिर भी दिवाकर ने कहा, "इनके इतनी गहरी चोट लगी। आपको सौभाग्य किस खिड़की से झाँकता नज़र आ रहा है?"

एक हितैषी ने समझाया, "उस लड़के ने बस पेपरवेट ही मारा न! मान लीजिये उसके पास बम या कट्टा होता, वह चला देता तब ये क्या करतीं। ढेर हो जातीं कि नहीं।"

वाक़ई यह दुर्भाग्य से निकलता हुआ सौभाग्य था। जब भी कहीं कुछ अघटित घटता—तसल्लीदार, समझदार, इज़्ज़तदार लोग यही समझाते कि हालात इससे भी बुरे हो सकते थे। ग़नीमत समझें कि आप ज़िन्दा हैं।

5

नन्दिता चक्रवर्ती की नियुक्ति के साथ ही कॉलेज में शिक्षण का सूत्रपात हुआ था। उन दिनों बी.ए. का पाठ्यक्रम सिर्फ़ दो साल का था। संस्कृत, संगीत और इंग्लिश में छात्राओं की संख्या नगण्य थी। पहले-पहल नन्दिता को लगा कि यह कॉलेज क़ब्रिस्तान से सटा हुआ है शायद इसलिए यहाँ लड़कियाँ आने से कतराती हैं। पर इसी परिसर में इन्टरमीडिएट कॉलेज भी था। वहाँ दो हज़ार लड़कियाँ पढ़ती थीं।

प्रबन्ध समिति की इस बात पर भृकुटि चढ़ी रहती कि सिर्फ़ छब्बीस लड़कियों के लिए प्राचार्या सात प्राध्यापिकाओं की माँग रख रही है। अग्रवाल जी ने पान की पीक डस्टबिन में थूकते हुए कहा, "कहो, इतनी टीचरों का क्या करोगी? अचार डालोगी? प्राइमरी में अस्सी रुपये पर एक टीचर आठ घण्टी पढ़ाती है। तुम्हारे यहाँ चार सौ में दो घण्टी पढ़ाएगी, बाक़ी छः घण्टी डण्डे बजायगी! और तुम एम.ए., पी.एच.डी. पास क्या करोगी? प्रिंसिपली का मतलब यह नहीं है कि बैठी-बैठी राज करो। पढ़ाना तुमको भी पड़ेगा।"

"मैंने कब इनकार किया है? अपना विषय मैं ही पढ़ाऊँगी। इंग्लिश की लेक्चरर तो माँग नहीं रही हूँ।"

"कै बच्चे हैं इंग्लिश में?"

नन्दिता इस सवाल पर चुप लगा गयी।

सिर्फ़ तीन लड़कियों ने इंग्लिश ली थी। उत्तर प्रदेश में माध्यमिक स्तर पर अंग्रेज़ी लेना अनिवार्य नहीं था। ज़्यादातर लड़कियाँ बिना इंग्लिश के इन्टर उत्तीर्ण करतीं। ऐसे में सिर्फ़ हाईस्कूल की प्रारम्भिक इंग्लिश की पढ़ाई के आधार पर उन्हें बी.ए. में अंग्रेज़ी साहित्य अथवा भाषा का ज्ञान देना नामुमकिन था। अंग्रेज़ी के प्रति छात्राओं के मन में एक परदेसी ज़ुबान का

भय समाया हुआ था। फिर छात्राओं के माँ-बाप सिर्फ़ यह चाहते थे कि आसान-से विषय ले कर लड़की किसी तरह द्वितीय श्रेणी में बी.ए. पास कर ले। एक ही परिवार में जहाँ लड़के को इन्जीनियरिंग या मेडिकल कॉलेज में भरती करने के लिए माँ-बाप रुपयों की थैली खोल सकते थे, लड़की को पढ़ाने में पन्द्रह रुपये पचास पैसे की मासिक फ़ीस उन्हें अखरती। लड़कियों का मनोबल इन्हीं वजहों से फिस्स हो जाता।

"सात टीचर तो किसी भी हालत में नहीं रखे जायंगे," प्रबन्ध समिति ने कह दिया।

नन्दिता अड़ गयी, "यह तो न्यूनतम ज़रूरत है। इसके बिना कॉलेज का सम्बद्धन संकट में पड़ जायगा। युनिवर्सिटी और शासन, दोनों आपत्ति करेंगे।"

"तुम्हें हमने क्यों पाल रखा है!"

"मैं अकेली क्या कर सकती हूँ?"

"भई देखो, हमने इत्ती बड़ी बिल्डिंग बना दी, फ़र्नीचर डलवा दिया। अब यह तुम्हारा जिम्मा है कि तुम अच्छे घरों की एम.ए. पास ऐसी लड़कियाँ ढूँढ कर लाओ जो निःशुल्क पढ़ाने को राज़ी हों।"

"ऐसी लड़कियाँ कहाँ मिलेंगी?"

"बिल्कुल मिलेंगी। शादी के इन्तज़ार में घर बैठी रहती हैं लड़कियाँ। बल्कि उनके माँ-बाप ख़ुश होंगे कि दो घण्टे को सिर पर से हटीं तो। और लड़कियाँ भी ख़ुश होंगी कि बन-ठनकर बाहर निकलने को मिला।"

नन्दिता को यह अभियान नहीं चलाना पड़ा। अग्रवालजी की वणिक-बुद्धि ने बहुत जल्द यह काम कर डाला। उस साल प्राइमरी स्कूल के लिये ऐसी अध्यापिकाओं की नियुक्ति की गयी जो अच्छे नम्बरों से एम.ए. कर चुकी थीं। उनके चयन में नन्दिता को भी विशेषज्ञ-समिति में सम्मिलित किया गया। हर एक का अकादमिक रिकॉर्ड देखने के बाद अग्रवालजी काग़ज़ात नन्दिता की ओर बढ़ा देते। फिर वे अभ्यर्थी से एक सवाल करते, "बेटी, अगर तुम्हें प्राइमरी के साथ-साथ डिग्री क्लास पढ़ाने को मिले तो?"

अभ्यर्थिनी ख़ुश होकर कहती, "यह तो बहुत अच्छा है। मैं तो सिर्फ़ डिग्री में पढ़ाना चाहती हूँ। मजबूरी में प्राइमरी टीचिंग के लिये अर्ज़ी दी है।"

"ठीक है, हम तुम्हारी इच्छा की क़द्र करते हैं। कुछ दिन तुम दोनों जगह पढ़ाओ, फिर जहाँ का परीक्षाफल बेहतर होगा, वहीं कर देंगे तुम्हें।" इस तरह अग्रवालजी ने सात की जगह दस प्राइमरी/डिग्री अध्यापिकायें ढूँढ लीं। सबके सामने ही उन्होंने इन्टरमीडिएट कॉलेज की प्रधानाचार्या मिसेज़ वर्षा यादव से कहा, "देखो, ये लड़कियाँ जब दो घण्टी डिग्री में पढ़ावें तब तुम इन्हें छुट्टी दे देना, क्या समझीं?"

प्राइमरी स्कूल, इन्टर कॉलेज की मिसेज़ यादव के अधीन चलता था। मिसेज़ यादव रोनी सूरत वाली महिला थीं जो हमेशा झुँझलायी रहती थीं। उन्होंने गिनगिन स्वर में कहा, "उस समय छोटे बच्चे शोर मचाएँगे।"

अग्रवालजी बोले, "अरे, उनका गेम्स पीरियड कर देना बारी-बारी से। ठीक है न!"

ठीक कुछ भी नहीं था पर प्रतिवाद का पराक्रम प्रबन्धक को प्रिय नहीं था। लोग उनके सामने चुप रहते; उनके जाते ही भुनभुन शिकायतें उभरने लगतीं।

नयी अध्यापिकाओं ने जी-तोड़ मेहनत से पढ़ाया। नतीजा यह कि छब्बीस की छब्बीस छात्रायें अच्छे अंकों से उत्तीर्ण हो गयीं। रानी लक्ष्मीबाई डिग्री कॉलेज के लिए यह बहुत अच्छी शुरुआत हुई। अगले सत्र में छात्र-संख्या एकदम एक सौ बीस पर पहुँच गयी। सम्बद्धन-फाइल का अध्ययन करने पर नन्दिता को जानकारी मिली कि कॉलेज को तेरह विषयों में मान्यता प्राप्त थी लेकिन सिर्फ़ सात विषयों का अध्यापन होता था।

उसने प्रबन्धक को लिखित आख्या भेजी कि शेष विषयों में भी पढ़ाई की व्यवस्था होनी चाहिये। इसका असर छात्र-संख्या पर पड़ेगा।

प्रबंधक ने टिप्पणी लिखी—हर विषय में न्यूनतम पच्चीस बच्चे होने चाहिये। पहले संख्या 25×7=175 हो जाय तब विचार करेंगे।

क्षमा देसाई, मालती गुप्ता, शिक्षा दीक्षित, शारदा सक्सेना, कीर्ति राठौर, सुमन मिश्रा और कुसुम कुरील ने संयुक्त रूप से प्रार्थना पत्र दिया कि उनके अथक परिश्रम के फलस्वरूप डिग्री कॉलेज का परीक्षाफल शत-प्रतिशत रहा है। नियुक्ति के समय दिये गये आश्वासन के आधार पर वे सब चाहती हैं कि उनकी सेवाएँ डिग्री कॉलेज में स्थानांतरित कर दी जायं। प्रबन्धकजी की बड़ी कृपा होगी।

कुसुम ने कहा, "दीदी, आप इसे संस्तुत और अग्रसारित कर दीजिये। हम स्वयं आवेदन-पत्र ले कर बाबूजी के पास जायंगी।"

नन्दिता ने फौरन आवेदन पत्र पर लिख दिया, 'सबल संस्तुति के साथ अग्रसारित' और अपने हस्ताक्षर के साथ मुहर भी लगवा दी।

अध्यापिकाओं ने तय किया कि शनिवार को प्रबन्धकजी के ऑफिस चला जाय।

नन्दिता का सुझाव था कि इस आवेदन पत्र को डाक-फ़ाइल से भेज दिया जाय।

क्षमा ने कहा, "दीदी, डाक-फ़ाइल इन्टर का चपरासी ले जाता है। शीतला की आदत है वह फ़ाइल खोलकर चिट्ठी-पत्री पढ़ लेता है। वहाँ वाली बड़ी दीदी ने कई बार उसे डाँटा है। वह हमारी एप्लीकेशन पढ़ लेगा तो यादव दीदी से चुगली लगा देगा। वह हमसे पहले ही नाराज़ रहती हैं कि तुम लोग डिग्री के काम में ज़्यादा दिलचस्पी लेती हो।"

मालती गुप्ता ने कहा, "नहीं जी, हम खुद जायंगी।"

कहने को तो बहादुरगंज का यह चौराहा भी जी.टी.रोड पर फूटता था लेकिन यहाँ शहर के बीचों-बीच दिन के हर पहर ट्रैफिक जाम रहता। इसी चौराहे पर सबसे मशहूर हलवाई सुलाकी का मिष्ठान्न-भण्डार था। सामने सड़क चौक पहुँचती और दायें हटिया। बायें हाथ को मोतीमहल वाली सड़क थी और पीछे का रास्ता कोठापार्चा जाता। प्रबन्धकजी का मकान सुलाकी से सटा हुआ था। तिमंज़िले मकान की निचली मंज़िल उन्होंने अपने रहने के लिये रखी हुई थी। बाकी मकान किराये पर उठा रखा था। पढ़ाने से फ़ारिग हो जब सातों अध्यापिकाएँ प्रबन्धकजी के घर पहुँचीं, बाहरी दरवाज़ा खुला हुआ था। खुले दरवाज़े पर एक-दो बार खट खट करने पर जब कोई उत्तर नहीं मिला, तब कुसुम और कीर्ति हिम्मत कर अन्दर घुसीं। अन्दर का कमरा ख़ाली था। उन्होंने इशारे से सभी को अन्दर बुला लिया। तभी किसी दिशा से एक मोटी-सी औरत प्रकट हुई। उसने एतराज़ से उस मण्डली को देखकर नकहे सुर में कहा, "क्याँ काँम हैं।"

"बाबूजी हैं?"

उसने बिना बोले, मुँह मसकोड़ते हुए बायाँ हाथ झटकार कर इशारा किया। बायाँ कमरा काफी नीचाई पर बना था लेकिन जिस तख़्त पर बैठे अग्रवालजी खाना खा रहे थे, उसके पायों में ईंटों का सहारा देकर उसे ऊँचा किया गया था।

पहले सिर्फ़ कुसुम और कीर्ति ने नमस्ते की। अग्रवालजी ने चश्मा उतार रखा था। वे एकदम नहीं जान पाये कि कितने आगंतुक हैं।

"बाहर कमरे में बैठो। हम ज़रा खा लें।" उन्होंने कहा।

अध्यापिकाएँ बैठ गईं। भूख उन्हें भी ख़ूब लगी हुई थी। सुबह सात बजे घर से निकलती थीं। साढ़े बारह बजे पढ़ाने का काम ख़त्म होता। आज यहाँ आना था नहीं तो एक-डेढ़ बजे तक घर जा कर खाना खातीं। ऊपर से सुलाकी हलवाई की दुकान से उठती देसी घी की सुगन्ध सबकी भूख चमका रही थी। करीब आधे घण्टे बाद प्रबन्धकजी पान चबाते हुए बाहरी कमरे में आये।

उन्होंने सातों शिक्षिकाओं को देखकर कहा, "कोई ख़ास बात हो गयी है क्या?"

"जी, जी नहीं। दरअसल बात यह है आपने कहा था साल भर बाद मिलना।"

"तुम लोग तो प्राइमरी में हो। जो कहना हो, यादव बहनजी के ज़रिए कहो।"

"जी हम डिग्री में भी हैं।" कीर्ति ने मुँह खोला, "हमारी मेहनत से डिग्री में इस साल रिज़ल्ट शत-प्रतिशत रहा है।"

"यह तुम कैसे कह सकती हो! लड़कियाँ तो गाइड पढ़कर पास होती हैं। यश टीचर लूटते हैं।"

"जी नहीं बाबूजी, हमारा पढ़ाया एक-एक शब्द लड़कियों के काम आया।"

"हाँ तो अब तुम्हें क्या कहना है?"

"आपने कहा था रिज़ल्ट अच्छा रहा तो हम सबकी सेवायें आप डिग्री सेक्शन में कर देंगें।"

"ठीक है, हम विचार करेंगे। प्राचार्या से भी बात कर लें। तुम्हारे काम से वे संतुष्ट है या नहीं, पता लगा लें।"

"उन्होंने ही तो हमें यहाँ भेजा है। यह रहा हमारा आवेदन-पत्र।"

आवेदन-पत्र अग्रवाल साहब ने ले लिया और उठे, "अच्छा, तुम लोग जाओ। थकी होंगी। घर जा कर आराम करो।"

अध्यापिकाएँ खुशी और उम्मीद से भरी वहाँ से चल दीं।

शाम को प्रबन्धक ने फ़ोन कर नन्दिता को घर बुलाया। जैसे ही वह उनके यहाँ पहुँची, प्रबन्धक ने प्राइमरी टीचरों का आवेदन-पत्र उसके सामने पटक कर कहा, "यह सब क्या हो रहा है?"

"आपके दिये गये आश्वासन पर यह तैयार किया गया है।"

"पर इस पर तुम्हें दस्तख़त करने और मुहर लगाने को किसने कहा था? कान खोलकर सुन लो। आइन्दा मुझसे पूछे बिना किसी अर्ज़ी पर तुम दस्तख़त नहीं करोगी, समझीं? अब जाओ, नमस्ते।"

नन्दिता अपमान से तिलमिला गयी। प्रबन्धक ने उसे अपनी गद्दी के मुनीम की तरह झिड़क दिया और वह कुछ नहीं कह पायी। उसे अपनी औक़ात पता चल गयी।

अगले ही हफ़्ते उन सभी अध्यापिकाओं की छुट्टी कर दी गयी। उन्हें प्राइमरी से अलग कर दिया गया।

डिग्री कॉले में सन्नाटा खिंच गया।

नन्दिता ने डरते-डरते कहा, "बाबूजी, पढ़ाई का क्या होगा?"

"थोड़े दिन लड़कियों को तुम बिज़ी रखो। तब तक हम इन्तज़ाम कर देंगे।"

"पर इतिहास, संस्कृत, शिक्षाशास्त्र जैसे विषय मैं कैसे पढ़ाऊँगी?"

"तुम हिन्दी, इंग्लिश पढ़ाओ। और सुनो। अंग्रेज़ी की क्लास में अपनी दिल्ली-बम्बई की फांय-फांय मत चलाया करो। तुम हिन्दी में अंग्रेज़ी पढ़ाया करो तो समझ में भी आये।" जाने से पूर्व वे सात अध्यापिकाएँ एक और प्रार्थना-पत्र नन्दिता को दे गयीं कि यदि उनकी सेवाएँ बहाल नहीं की गयीं तो वे तीस जुलाई को डी. एम. कार्यालय के सामने सामूहिक आत्मदाह करने को मजबूर होंगी।

प्रबन्धक ने प्रार्थना-पत्र देख कर उसके टुकड़े-टुकड़े कर, डस्टबिन में डाल दिया। फिर बोले, "कर लें आत्मदाह। हो जायं सती। इसी तरह अमर

हो जायंगी। हमें झउआ भर टीचरें और मिल जायंगी और इनसे ज़्यादा पढ़ी-लिखी।''

शासन से प्रायः नियम-निर्देश के प्रपत्र आते। विश्वविद्यालय भी नियमित नियुक्तियों के लिये दबाव डालता पर अग्रवालजी पर कोई असर न होता। वे विधिक शब्दावली में शातिर जवाब भिजवाते रहते। ऐसी सब पत्रावली पर हस्ताक्षर नन्दिता के होते।

नियमानुकूल नियुक्तियाँ करवाने में नन्दिता को पाँच साल लग गये।

6

जब नन्दिता इस संस्था में आयी, तीस की भी नहीं हुई थी। अन्य प्राध्यापिकाएँ भी सब युवा थीं। कॉलेज भवन में कोई बाथरूम नहीं था। कॉलेज का पुरुष वर्ग तो बाहर कुछ दूर बने एक खुले स्थान पर लघुशंका से निवृत्त हो जाता। महिलाओं की आफ़त थी। मुख्य इमारत से काफ़ी दूर झाड़-झंखाड़ के बीच एक अधबनी कोठरी थी जिसके बीचों-बीच दीवार डाल कर उसके दो हिस्से कर दिये गये थे। एक हिस्सा छात्राओं के लिए और दूसरा शिक्षिकाओं की टॉयलेट सम्बन्धी ज़रूरतों के लिये रखा गया था। दोनों ही हिस्सों में कमोड की कोई व्यवस्था नहीं थी। छात्राओं वाली जगह में तीन नालियाँ थी और शिक्षिकाओं वाली जगह में एक। टॉयलेट में प्लास्टिक की एक गन्दी बालटी और एक तिड़का हुआ मग भी था। कहने को वहाँ नल लगा था पर वह इन अर्थों में टूटा हुआ था कि उसकी टोंटी कोई खोल कर ले गया था। कई बार लघुशंका के लिए बैठते ही टूटे नल में से पड़-पड़ पानी गिरना शुरू हो जाता और शिक्षिका के कपड़े गीले हो जाते। कभी-कभी लल्लन बिन टोंटी के पाइप में कपड़ा फँसा देता पर उसे कोई-न-कोई निकाल देता क्योंकि लघुशंका के बाद हाथ भी धोने ज़रूरी होते। कभी इस कोठरी में बिजली भी रही होगी, ऐसा वहाँ झूलते कटे-फटे तारों से पता चलता। पर फ़िलहाल उन्हें जोड़ते रहने का काम सिर्फ़ मकड़ियों के जिम्मे था।

प्रबन्धकजी से कई बार मीटिंग में कहा गया कि वे कृपा करके टॉयलेट का इन्तज़ाम कॉलेज-इमारत के अन्दर ही करवा दें। इतनी दूर जाने में समय नष्ट होता है और परेशानी भी होती है। प्रबन्धक जी को लगा, उन्हें जान-बूझ कर ख़र्च और झमेले में फँसाया जा रहा है। नया बाथरूम बनवाने का मतलब

था हज़ारों का खर्च। उनका दृढ़ विश्वास था कि ज़्यादा सुविधाएँ देने से कर्मचारियों के बिगड़ने का ख़तरा रहता है। उन्होंने कल्ले में दबे पान को दायें से बायें करते हुए कहा, ''बार-बार बाथरूम जाने की ज़रूरत क्या है? कह दो, सब घर से करके आया करें।'' नन्दिता ने बुरा मानते हुए भी भरसक विनीत स्वर में कहा, ''ऐसा है बाबूजी, महिलाओं को दस तरह की परेशानियाँ होती हैं। बाथरूम तो होना ही चाहिये।''

''अब सबके गुप्त रोगों की देखभाल का ज़िम्मा हमारा नहीं है।'' प्रबन्धकजी बोले, ''तुम ख़ुद सोचो, अगर सब मन लगा कर पढ़ाएँ तो बाथरूम की उन्हें याद भी न आवे। चालीस बरस हो गये हमें कचहरी जाते। हमने कभी देखा नहीं वहाँ बाथरूम कैसा है।''

बड़ी बहनजी चुप रह गयीं। बात गुप्त रोगों की नहीं थी। बाथरूम एक मौलिक ज़रूरत थी। खुद नन्दिता को मासिकधर्म के दिनों में अतिस्राव होता। हर घण्टे उसे बाथरूम जाने की ज़रूरत पड़ती। अन्य शिक्षिकाओं की भी इससे मिलती-जुलती समस्याएँ थीं। किसी का मासिकधर्म अनियमित था। उसे प्रायः खटका रहता कि उसे स्राव अब हुआ, अब हुआ। सक्सेना बहनजी को कब्ज़ और बदहज़मी की तकलीफ़ थी। कई बार उनका जी मिचलाता और वे बाथरूम भागतीं।

बारिश के महीनों में बाथरूम तक जाने के लिये छाता लगाना पड़ता। इसमें ख़ासी नटविद्या दरकार रहती। बाहरी लोगों को बाथरूम से दूर रखने की ख़ातिर उसके दरवाज़े पर एक छोटा-सा ताला लगा रहता। बाथरूम वाली कोठरी तक जाने के लिये तीन सीढ़ियों पर चढ़ कर चौथी संकरी सीढ़ी पर छाते के नीचे से ही, छाते का हैण्डिल, अपना पर्स और साड़ी की पटली सँभालते हुए ताला खोलना आवश्यक था। तब कहीं शिक्षिका अन्दर घुस पाती। कभी-कभी कोई शिक्षिका स्टॉफ रूम की दीवार की कील से चाभी उतारना भूल जाती तो उसे वापस स्टॉफरूम तक का चक्कर लगाना पड़ जाता। इस तरह उसकी क्लास के दस-बारह मिनट ख़राब हो जाते।

बरसातों में उस रास्ते में ऊँची घास उग जाती। झाड़ियाँ और घनी हो जातीं। कच्ची ज़मीन कीचड़ और पानी से फिसलनी हो जाती। अक़्सर अध्यापिकाएँ एक-दूसरे को छेड़ती, ''भई प्रेगनेन्ट लेडीज़, बाथरूम तक जाने का जोखिम न उठायें।''

बाथरूम के रास्ते में महज़ फिसलने का नहीं, साँप-बिच्छू से काटे जाने का भी ख़तरा था। दरअसल यह कॉलेज जिस जगह बसा था, वहाँ पहले तालाब था। कॉलेज की सोसायटी को यह जगह दान में मिली थी। वर्षों यहाँ नगरपालिका, शहर का कूड़ा-करकट और मलबा डालती रही, तब कहीं यह समतल हुआ। अभी भी कॉलेज का मैदान मुख्य सड़क से नीचा था। बरसात ज़्यादा हो जाती तो मुख्य सड़क और क़ब्रिस्तान का पानी बह कर कॉलेज परिसर में भर जाता। उन दिनों कॉलेज की इमारत अच्छा-ख़ासा टाइटेनिक जलपोत नज़र आती। चारों ओर छह फुट खड़ा पानी, जो तीसरे रोज़ से सड़ांध देने लगता। पाँचवें रोज़ उसमें छोटी-छोटी मछलियाँ नज़र आतीं। नन्दिता प्रबन्ध-समिति के हाथ-पैर जोड़कर पानी निकालने के लिये पम्प लगवाती। दिन-रात चार रोज़ पम्प चलता पर जल जमाव का स्तर चार फुट से नीचे न आ पाता। कई बार फिर बारिश हो जाती और जल-निकासी का सारा प्रयत्न निष्फल हो जाता। प्रबन्धक अलग चिल्लाते, "हज़ार रुपये का डीज़ल फुँक गया, बड़ी बहनजी आसमान तो देखती नहीं, चली आती हैं ख़र्च कराने।" बारिश के महीने जुलाई अगस्त थे। वही कॉलेज में प्रवेश के भी महीने होते। नए नियमों के अन्तर्गत इसी समय छात्राओं के परीक्षा-फॉर्म भरे जाते। नन्दिता को एक-एक दिन दूभर पड़ता। अध्यापिकाओं के पति स्कूटर पर चक्कर काट कर, जल-जमाव का जायज़ा ले कर चले जाते कि अभी कुछ दिन और उनकी पत्नियाँ छुट्टी मना सकती हैं पर नन्दिता के लिए यह ज़रूरी हो जाता कि वह गेट पर ही कुर्सी डाल कर प्रवेश-कार्य जारी रखे। भीषण गन्ध, गन्दगी और गर्मी के कारण ज़्यादा देर बैठना भी दूभर हो जाता। कभी अपनी पानी की बोतल ले जाना भूल जाती तो पीने का पानी भी मयस्सर न होता। कोलरिज के एंशेट मैरिनर की पंक्तियाँ ज़ुबान तक आ जातीं, "वॉटर वॉटर एवरीवेयर, बट नॉट ए ड्रॉप टु ड्रिंक।"

बारिश के ही नहीं, बाकी के महीनों में भी कॉलेज में पीने के पानी की किल्लत थी। पीने के पानी की कोई टंकी नहीं थी। मैदान की दक्षिणी दीवार के सहारे तीन नल लगे थे जिनमें से एक कभी बन्द करवा दिया

गया था। दो नल हज़ार छात्राओं के लिए अपर्याप्त थे। नल पर हमेशा पनघट का समां रहता। कॉलेज परिसर में छह कोठरियाँ बनी थीं जिनमें से तीन पर अवैध कब्ज़ा था। शेष तीन कॉलेज चपरासियों की थीं पर वे इनमें रहना कम पसन्द करते। सभी के अन्यत्र ठिकाने थे। यहाँ सिर्फ़ उनके ताले रहते। इस वजह से अवैध निवासी और भी प्रबल बने रहते। किसी न किसी परिवार की बालटी नल पर लटकी रहती। दूसरे नल पर नहाना, कपड़े धोना होता रहता। कई बार वे लोग एक लम्बा-सा पाइप लगा कर अपनी कोठरी तक पानी पहुँचाते। प्यास से बेकल लड़कियाँ अगर पाइप हटातीं तो वे लड़कियों के पीछे अपना कुत्ता दौड़ा देते। स्टॉफरूम के लिये लमकी दाई अच्छी तरह से माँज-धो कर बालटी और स्टील की टंकी में पानी भर लेती पर गर्मियों में स्टील की टंकी में पानी बहुत गरम हो जाता। फिर मटके मँगाए जाते पर उनका जीवन सप्ताह-भंगुर होता। अगले मटके हासिल करने से पहले बड़ी बहनजी का प्रवचन सुनना पड़ता। अपने स्वाभिमान की रक्षा के लिए हर अध्यापिका अपने साथ पानी की बोतल ले कर आने लगी थी। शरारती शालिनी तिवारी बहनजी कहती, ''अगर पोर्टेबल यूरिनल मिलता हो तो वह भी वॉटर बॉटल और पर्स के साथ-साथ लटका कर लाना चाहिये। जब ज़रूरत हुई, मर्दों की तरह पीठ फेरकर काम कर लिया।''

''औरतों के लिये यह मुमकिन नहीं है। उनके शरीर की रचना इतनी पेचीदा है कि पीठ फेर कर यह काम हो ही नहीं सकता।'' सुमति सक्सेना कहती।

''वह कहते हैं न, आँख ओट, पहाड़ ओट। अरे, स्टेशन पर देहाती सवारियों को देखा है? जब हाजत होती है वहीं प्लेटफॉर्म पर घाघरा फैला कर बैठ जाती हैं। देखने वालों को लगता है थकान के मारे बैठी हैं। थोड़ी देर में उठ कर जगह बदल लेती हैं। वह जगह गीली जो होती है।'' शिखा शर्मा जोड़ती।

''छिः, मैंने ऐसा कभी नहीं देखा। आप हमेशा स्त्री-विरोधी बातें करती हैं।'' सुमति को गुस्सा आता।

पायल बहनजी कहतीं, "इसका एक रास्ता यह भी है कि हम लोग नन्हे शिशुओं की तरह हगीज़ पहन कर आया करें।"

खुर्शीद कहती, "मेरी आपा ने बताया है कि यू.ए.ई. में पोर्टेबिल यूरिनल मिलते हैं। उसमें मिट्टी का तेल निकालने जैसी एक फनैल (कुप्पी) और एक पाइप होता है।"

इन सब बातों से समस्या का हल कोई न निकलता। अलबत्ता मनोरंजन भरपूर हो जाता।

7

शहर में कई प्रकार के क्लब थे। इन क्लबों में साप्ताहिक बैठक, मेल-मिलाप के साथ-साथ कुछ दान-पुण्य भी चलता रहता। इनके पास लम्बे-चौड़े फण्ड होते और साल में एक बार वे अपनी नज़र स्कूल-कॉलेजों की तरफ़ घुमाते। इसी क्रम में एक बार नन्दिता की मुलाक़ात शेरों वाले क्लब के सचिव से हो गयी। कुछ ही मिनटों की बातचीत में सचिव को पता चला गया कि आर.एल.बी.डी.सी.—रानी लक्ष्मी बाई डिग्री कॉलेज में लचर वित्त व्यवस्था के कारण संसाधनों का घनघोर अभाव है। बुधवार को होनेवाली बैठक में उन्होंने प्रस्ताव पेश किया कि इस संस्था को दान दिया जाना चाहिये। कॉलेज का नाम थोड़ा-बहुत परिचित था ही, शेरों वाले क्लब ने, संस्था के नाम दो जोड़ी तबले, एक सिलाई मशीन और तीन पंखे स्वीकृत किये। एक सादे समारोह में सभी लाभान्वित स्कूल-कॉलेज के प्रतिनिधि और प्राचार्य बुलाये गये कि वे भेंट ग्रहण करें। नन्दिता ने यह ख़ुशख़बरी प्रबन्धकजी को दी। वे कुछ देर नन्दिता को ध्यान से देखते रहे, फिर बोले, "बड़ी खुश, बड़ा तीर मार लिया, क्यों?"

"और क्या बाबूजी, पूरे साल परेशान रहती हूँ, आप दो जोड़ी तबले नहीं दिलवाते।"

अग्रवालजी मुस्कराए, "कै ठो लड़कियाँ तबला पढ़ती हैं?" कॉलेज तब छोटा था, बच्चे थोड़े थे। नन्दिता ने जवाब दिया, "जी, छब्बीस।"

"हूँ, प्रयोगशाला शुल्क क्या लेती हो, तीन रुपया महीना। छब्बीस लड़कियों की फ़ीस हुई 78 रुपये, 78 रुपये से तबला जोड़ी नहीं आ सकती। कहाँ से खरीदें?" अग्रवालजी ने तर्क दिया।

नन्दिता समझ रही थी कि यह सिर्फ़ एक महीने की प्रायोगिक फ़ीस की सफ़ाई दी जा रही है। फ़ीस तो बारहों महीने ली जाती थी पर उसमें इतनी हिम्मत नहीं थी कि विवाद करती । नियमों का भी सही ज्ञान नहीं था। बोली, "तभी तो ख़ुशी है कि तबले मिल रहे हैं।"

"तुम्हारी यही सीमा है कि तुम आगे का नहीं देखतीं, झट से ख़ुश हो जाती हो। कॉलेज में चार नई चीज़ें आयेंगी तो बाकी विभागों में हाय-हाय मचेगी। होमसाइन्स वाली कहेगी, 'हमें चार कुकर और मँगाकर दो,' भूगोल वाली कहेगी, 'बीस ठो नक्शे मँगवाओ,' सब पर बुरा असर पड़ेगा।"

"मैं सबको समझा दूँगी, आपसे कोई कुछ नहीं माँगेगा।"

अपनी दो कुलीग्ज़ के साथ जा कर नन्दिता सामान ले आयी। सभी सामानों पर सुरेन्दर से आर.एल.बी.डी.सी. लिखवाया गया।

तिवारी बहनजी, जिन्हें सब तबला मैडम कहते थे, बोलीं, "सुरेन्दर, तबले ऊपर तबला-रूम में रख आओ।" फिर उन्होंने नन्दिता से कहा, "दीदी, प्लीज़ दो हथौड़ी, चार इंडुरी और टेल्कम पाउडर भी मँगवा दीजिये।"

नन्दिता की त्योरी चढ़ गयी, "इतने ताम-झाम का क्या काम?"

तिवारी बहनजी ने हैरानी भरसक दबाते हुए कहा, "इन चीज़ों के बिना तो तबला काम ही नहीं करेगा।"

बड़ी बहनजी का स्वर ऐंठ गया। "आप हमेशा फ़िजूल का झमेला फँसाती हैं। तबले आ गये हैं, अब और सामान की हम कोई गारण्टी नहीं लेते।" इसी तरह यह भी उद्घाटन हुआ कि पंखों को छत से लटकाने के लिये बिजली मिस्त्री की दरकार है।

प्रबन्धकजी इतनी फरमाइशें सुन कर उखड़ गये। बमक कर बोले, "नन्दिता, तुम उस मरे शेरों वाले क्लब को चिट्ठी लिखो कि पंखे तो उन्होंने दे दिये, अब पंखा-लटकाई उनका बाप देवेगा? तबलों के लिये जो खटराग तुम माँग रही हो, सब उनसे माँगो। सिलाई मशीन के लिए धागा-कैंची सबके लिये लिखो, आधा सामान देने का क्या मतलब है?"

बाकी सामान अध्यापिकाओं ने छात्राओं से चन्दा ले कर पूरा किया लेकिन पंखे महीनों ऑफिस में पड़े धूल खाते रहे। गर्मियों में बड़ी बहनजी ने मन-ही-मन कुड़कुड़ाते हुए अपने खर्च पर पंखे लटकवाये।

यों तो कॉलेज में माली था पर उससे सामान्य काम लिया जाता था। स्थानीय दफ़्तरों में चिट्ठियाँ पहुँचाना, पानी, बिजली और फ़ोन के बिल जमा करने जाना और रजिस्ट्री कराना—उसके जिम्मे थे। इन सब कामों के साथ पेड़-पौधों की देखभाल करना उसके बस का नहीं था। जब कभी बड़ी बहनजी का मूड ख़राब होता वे फटे गले से चिल्लातीं, "कहने को तुम माली हो विनोद। क्या ख़ाक मालीगिरी करते हो?" विनोद उस दिन क़ब्रिस्तान के माली से माँग कर एक गूलर की या नीम की पौध लगा देता। इसलिए कॉलेज में बेतरतीब हरियाली थी। गूलर, गुलमोहर और नीम के पेड़ों से कूड़ा बहुत फैलता। अकेला लल्लन इतना सकेर नहीं पाता। एक पेड़ सहजन का था जिस पर चैत शुरू होते ही फूल आते और देखते-देखते लम्बी-लम्बी फलियों से पेड़ भर जाता। इन फलियों पर सबकी नज़र रहती। लल्लन से फलियाँ तुड़वायी जातीं। उनकी बाक़ायदा गिनती होती और दस-दस की ढेरियाँ सब के बाँटे आतीं। उस वक़्त लल्लन के दलित हाथों से तोड़ी फलियों से किसी को घिन न आती। तरकारी का क्या है? धो लो, शुद्ध हो गयी।

तरह-तरह के जीव-जन्तु भी कॉलेज में दिख जाते। इनमें गिरगिट, मेंढक तो सिर्फ़ बरसातों में पाये जाते पर नेवले, चूहे, छिपकली और छछून्दर हर समय गलियारों में दौड़ लगाते। चूहे हर चीज़ कुतर डालते, यहाँ तक कि डस्टर पर चिपका कपड़ा भी। अक्सर कमरों में मेज़ पर रोटी, समोसे या दालमोठ का चूरा बिखरा रहता, उससे चूहों की आमदोरफ़्त मेज़ों पर भी रहती। लड़कियों से लाख कहा जाता कि वे कमरों में खाना न खाया करें पर लड़कियाँ अन्दर बैठ कर ही खातीं।

फ़ीस का हिसाब रोज़ शाम को चार बजे बड़ी बहनजी को सौंपा जाता जिसे वे अगले दिन बैंक भिजवा देतीं। एक बार इसी तरह फ़ीस के चार सौ चालीस रुपये बड़े बाबू ने नन्दिता के पास जमा किये। नन्दिता उस दिन जल्दी में थी। उसने सेफ़ में रखने की बजाय रुपये मेज़ की दराज़ में बन्द कर दिये और सोचा कि अगले दिन सँभाल लेगी। अगले दो दिन कॉलेज में छुट्टी थी। तीसरे दिन जब नन्दिता ऑफिस आयी तो दराज़ खोलने पर उसने पाया फ़ीस के नोट बुरी तरह कुतरे हुए पड़े हैं। नन्दिता सन्न रह गयी। उसने नोटों को ग़ौर से देखा, सभी नोट बुरी तरह नुचे हुए थे।

सबके नम्बर वाले कोने कुतर लिये गये थे। उसने बड़े बाबू को बुलाकर दिखाया। एक मिनट के लिए अचम्भा ज़ाहिर कर बड़े बाबू तटस्थ भाव से बोले, "हमने तो फ़ीस आपको सौंप दी थी। आपकी ज़िम्मेदारी बनती है। आप जो चाहें एक्शन लें।"

बड़ी बहनजी की समझ में नहीं आया कि चूहों के ख़िलाफ़ क्या एक्शन लिया जाय। उसने कुतरे हुए नोटों का चूरा एक लिफ़ाफ़े में भर कर प्रबन्धक के पास अपनी टिप्पणी के साथ भेजा, "सूच्य है कि कॉलेज कार्यालय की दराज़ से कल की फ़ीस के रुपये इस शक़्ल में मिले हैं। कृपया बताएँ कि क्या किया जाय?"

रुपये-पैसे के मामले में प्रबन्धकजी के अन्दर कोई सेंस ऑफ ह्यूमर नहीं थी। नोटों की दुर्गत देखकर वे बहुत किचकिचाए। उन्होंने जवाब लिखा, "प्राचार्या का कर्तव्य है कि वे फ़ीस प्रतिदिन बैंक भेजा करें। चूहों की इस हरकत से प्राचार्या की लापरवाही साफ़ ज़ाहिर होती है। दराज़ ठीक से बन्द की होती तो चींटी भी अन्दर नहीं घुस सकती थी। प्राचार्या फौरन फ़ीस के चार सौ चालीस रुपये कॉलेज के फ़ीस खाते में जमा कर बैंक का अधपन्ना उनके पास भेजें।"

नन्दिता ने फिर लिखा, "सूच्य है कि रुपये भी कॉलेज के थे और चूहे भी। अतः इसे परिस्थितिजन्य दुर्घटना मानकर अनुकूल निर्णय लिया जाए।"

प्रबन्धकजी अड़ गये, "आपकी दराज़ का ज़िम्मा आपका है। ग़लती आपकी है, आप भरें।"

हार-झख मार कर नन्दिता को अपने पल्ले से चार सौ चालीस रुपये फ़ीस ख़ाते में जमा करवाने पड़े।

कॉलेज के विविध व्यय के लिये प्रबन्धक दो सौ रुपये प्राचार्या के नाम देते। नन्दिता की कोशिश रहती कि कॉलेज में कम-से-कम खर्च हो। फिर भी छोटी-मोटी आकस्मिकताएँ पड़ती रहतीं। इस धनराशि का हिसाब जब भेजा जाता, उसमें लाल स्याही से कुछ गोले लगाकर अग्रवालजी काग़ज़ वापस भिजवा देते। वे साथ में टीप लगाते, "इन मदों में व्यय करना कॉलेज निधि का अपव्यय है। आइन्दा आप बग़ैर अनुमति व्यय न किया करें।"

आपत्ति के मुद्दे होते—नए मटके की ख़रीद या डाकिये को दिया गया अधिभार। भाषा संस्थान द्वारा समय-समय पर कॉलेज़ को निःशुल्क पुस्तकें लायब्रेरी के लिए भेजी जाती थीं। डाक विभाग का नियम था कि अगर पार्सल पाँच किलो से ज़्यादा का है तो उसे लाने का अधिभार प्राप्तकर्ता को देना होगा। इसलिए कभी-कभी पार्सल पर ख़र्च हो जाता।

ये छोटी-छोटी बातें नन्दिता को उसकी औक़ात समझा जातीं। वित्तविहीन, अनानुदानित महाविद्यालय, समस्त संस्थाओं के बीच दलितों से भी दलित कोटि का होता है—यह सच्चाई है। शासन कि नाक के नीचे सभी न्यूनतम मानकों का खुलेआम उल्लंघन होता रहता है लेकिन शासन उसके स्थायीकरण की कार्यवाही ठण्डे बस्ते में डालता रहता है। नन्दिता ने बड़ी से बड़ी तोप से सिफ़ारिश भिजवायी पर नतीजा शून्य रहा। ऐसे में प्रबन्धतन्त्र हावी रहा तो क्या आश्चर्य?

प्रबन्धक को जीवन में एक शब्द से चिढ़ थी। उनका वश चलता तो उसे शब्दकोश से बाहर ला पटकते। वह शब्द था—व्यय। पेशे से वकील होने पर भी नज़रिये से वे व्यापारी थे। वे मानते थे कि संस्था का मतलब है—शुभ-लाभ। नगर में उनके प्रबन्धन में पाँच स्कूल-कॉलेज चल रहे थे। सबसे शोचनीय स्थिति आर.एल.बी.डी.सी. की थी। इसका न स्थायीकरण हुआ था, न यह शासन की अनुदान सूची पर था। प्रबन्धतन्त्र इसका भाग्यविधाता और नियति-नियन्ता था। वही तय करता कि अध्यापिकाओं को कितना वेतन देना है और साल में कितने महीने। प्राचार्या के सिवा कॉलेज के सभी शिक्षकों को मार्च में नोटिस मिल जाता कि, 'आपकी सेवाओं की अब आवश्यकता नहीं है।' शिक्षक इस नोटिस से घबराते नहीं थे क्योंकि उन्हें मालूम था कि पहली जुलाई से उन्हें वापस रख लिया जायगा। इस तरह सीधे-सीधे तीन माह के वेतन-दायित्व से प्रबन्धतन्त्र निजात पा लेता। उसने कभी यह जानने की कोशिश नहीं की कि इन तीन महीनों में शिक्षक कैसे जीवित रहे। शुरू-शुरू में नन्दिता ने इस ढर्रे का विरोध किया, उसने कहा, "बाबूजी, सेवा नियमों और मानवीय नियमों, दोनों आधार पर यह ग़लत है कि हम शिक्षकों से नौ माह काम ले कर तीन माह के लिये निकाल दें। ऐसे तो इनमें से कभी कोई सीनियर नहीं होगा। यह क़ानूनन ग़लत है।"

अग्रवालजी ने मुस्करा कर कहा, "अब तुम मुझे कानून पढ़ाओगी! तुम्हें तो तनखा मिलती है न? बस, चुपचाप तनखा लेती रहो। नौकरी के साथ नेतागिरी नहीं चलती।"

अग्रवालजी के व्यवहार और विचार नन्दिता को अन्दर तक खौला देते। वह हर बार मन बनाती कि आज वह घर जा कर त्याग-पत्र लिखेगी और रजिस्ट्री से भिजवा देगी। हर बार वह अपना इरादा मुल्तवी कर देती। एक बार नौकरी और आत्मनिर्भरता का स्वाद चख लेने के बाद अब सिर्फ़ गृहणी बन कर जीवन बिता देना उसक़ा अभीष्ट नहीं था। कॉलेज के स्थायीकरण के लिए उसने अर्ज़ियों का अम्बार लगा रखा था। उसे उम्मीद थी कि बीज की तरह कोई-न-कोई अर्जी फाइलों की धरती से फूट कर सिर उठायेगी। अर्थतन्त्र का यथार्थवाद यह भी कहता था कि किसी भी परिवार में एक क्रान्तिकारी निभ जाय, तो बहुत समझो। दिवाकर बहुत पहले अपनी नौकरी को धता बता आये थे और अब स्वतन्त्र पत्रकार थे। परिवार में नियमित आय का स्रोत नहीं था।

8

बाकी शहरों में होता होगा सोने-चाँदी, मेवे-मखाने का व्यापार! इस शहर का सबसे बड़ा व्यापार है—शिक्षा। शहर के अन्य व्यवसाय इसी व्यापार के हिस्से हैं जैसे पुस्तक-प्रकाशन, मुद्रण, बाइन्डिंग; जगह-जगह स्कूल, कॉलेज और कोचिंग कक्षायें। अगर इनकी गणना करवाई जाय तो कोचिंग केन्द्रों की संख्या यक़ीनन स्कूल-कॉलेजों से ज़्यादा पायी जायगी। यही हाल उनमें पढ़ने वाले विद्यार्थियों की संख्या का है। कॉलेजों में साइकिलों की संख्या कम, कोचिंग कक्षा में ज़्यादा होती है। वही विद्यार्थी जो कॉलेज आने में सत्तर बहाने बनायेगा, सुबह 6.20 पर कोचिंग क्लास में उपस्थित पाया जायगा। वर्तमान शिक्षा-प्रणाली को खुली चुनौती देते ये कोचिंग संस्थान अपने आप में स्व-रोज़गार के क्षेत्र का करिश्मा हैं। दो तरह के तत्व प्राइवेट ट्यूशनों के इस संस्थानीकरण में लिप्त हैं। एक तो वे परिश्रमी अध्यापक, जिनका अपने वेतन में पूरा नहीं पड़ता; दूसरे वे शक्तिशाली लोग, जो विश्वविद्यालयों के मुँहलगे हैं, पूँजी से पूँजी कमाना जानते हैं और जिन्हें इस शिक्षा-प्रणाली की पोल अन्दर तक मालूम है। दो-एक कोचिंग संस्थान ठीक विश्वविद्यालय के फ़ाटक के सामने चलते हैं। वहाँ सैनिक कैम्प जैसा अनुशासन और तत्परता नज़र आती है। विश्वविद्यालय के कई नामी-गिरामी प्राध्यापक यहाँ पढ़ाने आते हैं। सौ रुपये प्रति व्याख्यान, प्रतिदिन के हिसाब से वे हज़ारों की अतिरिक्त आय कर लेते हैं। जितनी चाबुकदस्ती वे यहाँ दिखाते हैं, उतनी ही शिथिलता नौकरी में। नौकरी कहीं भागी जा रही है जो युनिवर्सिटी की कक्षा में सिर खपायें? बासठ साल तक वहाँ घड़ी की तरह टिक-टिक करना है। ऊपर की आमदनी जैसा जुमला आप इस्तेमाल करें, ये तो इसे ख़ून-पसीने की कमाई कहते हैं। ये सभी कोचिंग केन्द्र बिना रजिस्टर, बिना रसीद चलते

हैं पर मजाल है कोई छात्र बिना फ़ीस दिये, फ़ोकट में कक्षा का लाभ ले ले! अब तो सभी छात्रों का नाम कम्प्यूटर में डाल दिया गया है। पहले यह कारोबार मुँहज़ुबानी ही चलता था।

एक आदर्श कोचिंग केन्द्र चलाने के लिए उस इलाके का थाना, पुलिस चौकी और नेता का अनुकूल होना पहली शर्त है। वैसे विद्यार्थी कोचिंग कक्षाओं में न बम चलाते हैं, न तोड़-फोड़ करते हैं। चुपचाप पढ़ते हैं और प्रतियोगी परीक्षाओं की तैयारी में अपने आपको झोंक देते हैं। इन कक्षाओं की फ़ीस ऊँची होती है। शायद इसीलिए कोचिंग केन्द्रों पर लड़कियों की संख्या कम पायी जाती है। कुछ महत्वाकांक्षी, सम्पन्न परिवार ही लड़कियों में रोज़गार का जज़्बा डालते हैं। ऐसी लड़कियाँ अच्छे कोचिंग संस्थानों में प्रवेश ले कर योग्यता की टक्कर में लड़कों से कहीं आगे निकल जाती हैं। कभी-कभी समीकरण ध्वस्त भी हो जाते हैं। गुरुकुल कोचिंग क्लासेज़ में केन्द्र और राज्य प्रशासनिक सेवा परीक्षाओं की कक्षाएँ चलती थीं। प्रतिवर्ष गुरुकुल के दस-ग्यारह छात्र प्रशासनिक सेवाओं में आ रहे थे। आसपास के शहरों से भी प्रत्याशी प्रतियोगी इलाहाबाद आ कर रहते और गुरुकुल में पढ़ते। पर वहाँ सिर्फ़ पैंतीस छात्रों के लिये स्थान था। होस्टल, मैस, खेल का मैदान भी उपलब्ध था। फ़ीस बाकी कोचिंग केन्द्रों से दस गुनी ज़्यादा, फिर भी वहाँ प्रवेश लेने वालों की भीड़ लगी रहती। आम धारणा यह थी कि सत्र के अन्त में यहाँ के सुझाए गये प्रश्न-पत्र, परीक्षा में पूछे गये प्रश्नपत्रों से काफ़ी मेल खाते थे। इसकी इसी शोहरत से प्रभावित होकर मयंक कौशिक ने अलीगढ़ से यहाँ आ कर गुरुकुल में प्रवेश लिया। उसके पिता अ.मु.वि.वि. में प्रोफेसर थे। वे चाहते थे कि मयंक डी.फिल. कर विश्वविद्यालय में प्राध्यापक बने और उनके संरक्षण में प्रगति करे पर बेटे को यह कैरियर बेमानी लगता था। उसका विचार था कि कैरियर वही अच्छा होता है जो उत्तरोत्तर शक्तिशाली होता जाय। लम्बी बहस के बाद उसने पिता को इस कोचिंग के लिये राज़ी कर लिया।

महीने भर की कक्षाओं में उसकी लियाक़त का सिक्का जम गया। पूरे बैच में सिर्फ़ दो लड़कियाँ थीं। एक लखनऊ की थी, दूसरी दिल्ली की—पर उनके नाम ऐसे थे जैसे वे सगी बहनें हों—कविता, कौमुदी। दोनों अपने-अपने

ढंग से मयंक से प्रतिस्पर्धा के लिए कटिबद्ध। अक़्सर वे साथ रहतीं और उनकी तैयारी के बारे में अध्यापकों का ख़्याल था कि उनकी पोज़ीशन भी एक-सी आयेगी।

लड़के उनसे सतर्क थे और अक़्सर इस पर उनमें बहस चलती कि कैसे इन्हें परास्त किया जाय।

मयंक ने कहा, ''बड़ा आसान है। इनमें झगड़ा करवा दिया जाय।''

अनिल बोला, ''यह असम्भव काम है। दोनों एक कमरे में रहती हैं, एक साथ क्लास में आती हैं और एक समान जवाब देती हैं।''

''तगड़ी-सी शर्त लगाओ तो मैं कोशिश कर देखूँ?''

तगड़ी के अन्तर्गत मामला 'कान्हा श्याम' में डिनर से शुरू होकर आख़िरकार अनिल की मोटरबाइक पर निपटा।

अनिल ने एतराज़ नहीं किया। अव्वल तो यह मज़ाक था, दूसरे उसे लगा अगर मोटरबाइक चली भी गयी तो क्या हर्ज़ है? वह इस गाड़ी से निजात पाने की कोशिश कई बार कर चुका था। घर पर कह देगा—गाड़ी चोरी हो गयी।

पहले शर्त तो जीते मयंक। यह काम इतना आसान नहीं होता अगर दुर्गा पूजा पर कविता घर न चली गयी होती। कौमुदी पर पढ़ने की धुन सवार थी।

क्लास तीन बजे ख़त्म होती थी। कौमुदी ने अपने बड़े-से पर्स में नोट्स और किताब डाली और चलने के लिये तैयार हुई। तभी गुरुकुल के गेट पर मयंक खड़ा मिला।

'हलो' का उत्तर 'हाउ आर यू' में मिलने पर वह उसके साथ चलने लगा।

बस स्टॉप पर बेतरतीब भीड़ थी। बस का कहीं अता-पता नहीं था। मयंक ने कहा, ''सामने के तथाकथित कैफ़े में कुछ ठण्डा पी लेते हैं, आपकी बस भी आती दिख जायगी।''

विद्यार्थियों के बीच सहज परिचय इतना अनजाना नहीं होता।

कौमुदी ने कहा, ''आप हॉस्टल में हैं?''

''और आप?''

''मेरे कज़िन का परिवार रहता है अलोपीबाग में। उन्हीं के साथ हूँ।''

''परिवार में पढ़ाई नामुमकिन है।''

"नहीं, मैं पढ़ना रात बारह बजे शुरू करती हूँ, जब सब थककर सो जाते हैं। फिर, परिवार भी छोटा है। भइया, भाभी और छोटा-सा बॉबी।"

"चश्मा लगाकर आप बड़ी विद्वान लगती हैं, चश्मेवालों को यह रुतबा हासिल है।"

"भविष्य में हम विद्वान लगें न लगें, हमें आला अफ़सर लगना चाहिए न?"

"आपका चयन अगर हो गया तो बाय गॉड आप जँचेंगी।"

"आप भी जँचेंगे।"

"एक बात कहूँ? अकेले आप ज़्यादा सुन्दर, सही और तेजस्वी लगती हैं। कविता के साथ लगी रहने पर तो आप दोनों बस एक पुस्तक संकलन लगती हैं। इन्टर में हमारी हिन्दी-किताब का नाम था 'कविता-कौमुदी',"

बस की घरघराहट ने बात को विराम दिया।

अगर कौमुदी के मन में कोई उथल-पुथल हुई हो तो इसका पता मयंक को नहीं चल पाया। वह बस में चढ़ते ही अन्दर की भीड़ में ओझल हो गयी।

आगे के दिनों में जब भी कक्षा में परिचर्चा आयोजित हुई, कौमुदी ने उसमें मयंक को जीतने दिया। कैफ़े में मयंक को बिल अदा करने दिया और जवाहर तारामण्डल गृह के लॉन पर उसे अपने बालों में फूल लगाने दिया। सिंहल सर ने एक दिन मयंक को आगाह किया, "तुम अपना ध्यान पढ़ाई में कम लगा रहे हो आजकल, क्या बात है?"

"आपको भ्रम हुआ है।"

सिंह विश्वविद्यालय में भी उसके एम.कॉम के शिक्षक थे। उन्हें लड़के से ज़्यादा कोचिंग केन्द्र की प्रतिष्ठा की फ़िक्र थी।

उन्होंने कहा, "देखो, हमने बीस सफल छात्रों का टारगेट रखा है। उनमें तुम्हारा नाम है। तुम्हें पहले ही साल सिविल सेवा प्रतियोगिता उत्तीर्ण करनी है।"

"जी सर!"

बार-बार टोके जाने पर मयंक ने अन्तर्मन्थन कर तय कर लिया कि कौमुदी से दोस्ती सिर्फ़ शर्त जीतने की क्रीड़ा है। इसीलिए जब एक दिन उसने मयंक से कहा, "मैं जब पढ़ने बैठती हूँ तुम मेरे सामने आ जाते हो। फिर मुझे कुछ नहीं दिखता।"

मयंक ने कहा, "एक बार पास होने पर तुम्हारी आँखों का दृश्य बदल भी सकता है।"

"कैसी बेगानी बातें कर रहे हो?"

"सच कह रहा हूँ," मयंक ने कहा, "फिर कहाँ तुम्हारी नियुक्ति हो, कहाँ मेरी—किसे पता है?"

कौमुदी कहना चाहती थी कि अब प्रशासनिक सेवाओं में पति-पत्नी एक ही जगह नियुक्त किये जाते हैं पर वह टाल गयी। वह याचना से प्रेम की इच्छुक नहीं थी। उसे बड़ी शिद्दत से कविता की याद आयी पर अब तक उन दोनों में काफ़ी दूरी आ चुकी थी।

कोचिंग संस्थानों में इसी तरह सपनों पर प्रहार होता रहता। कैरियर के आगे कामना हार जाती। टूटे हुए प्रेमी और भी पराक्रम से पढ़ाई में जुट जाते। इन संस्थानों में ऐसे भी विद्यार्थी थे जो अच्छा-भला इन्जीनियरिंग का पाठ्यक्रम पूरा कर अब सिविल सेवा में भाग्य आज़माना चाहते। इन सभी संस्थानों में उनकी लियाक़त के लिए मशक्क़त करवायी जाती। यह कोई नहीं देखता कि उनमें इन्सानियत भी विकसित होती है या नहीं? इसके लिये फ़ुर्सत भी किसे थी?

इस बार दशहरे और दीपावली की संयुक्त छुट्टियाँ पड़ीं। सभी का मन हल्का और बेफ़िक्र हो गया। इन दिनों किसी बाहरी संस्था की परीक्षायें भी नहीं होनी थीं। तीन साबुत हफ़्तों का अवकाश सामने था।

दशहरे पर शहर की रौनक निराली होती। रात भर मेले का रेला रहता। सड़क के किनारे रंगीन रोशनी की झालर, झाँकियों के रथ, खोमचेवाले और ठेलेवालों की कतारें! भीड़, बच्चे, स्कूटर और कारों के बीच पैदल चलनेवालों का कारवाँ चलता ही रहता।

नन्दिता को भीड़ में घुसना अच्छा लगता लेकिन दिवाकर धक्कम-धक्का से घबराते। भीड़ चाहे होली की हो या दशहरे की, दिवाकर अपने को कमरे में बन्द कर लेते। ऐसे में नन्दिता के सामने अपनी इक्का-दुक्का सहेलियों के संग बाहर जाने के सिवा कोई विकल्प नहीं बचता। यही इस बार हुआ।

युनिवर्सिटी की प्रोफेसर सुनीता कक्कड़ के साथ शाम छह से नौ का सिनेमा शो देखने का प्रोग्राम बना। मूड अच्छा था इसलिए फिल्म भी बढ़िया लगी। गौतम टॉकीज़ से जब वे बाहर निकले, तब रात नौ बजे भी मुट्ठीगंज रोशनी और सजावट से दमक रहा था। उन दोनों ने एक रिक्शा पकड़ा

और वापस घर चल दीं। उनकी बातें चल रही थीं और रिक्शा भी चल रहा था। रिक्शा सभी भीड़ भरे बाज़ारों से गुज़र रहा था। बहादुरगंज, कोठा-पार्चा, ज़ीरो रोड। नन्दिता ने कहा, "रिक्शेवाले, हमें मेला मत घुमाओ, जल्दी से कटरा पहुँचा दो।" निरन्जन पुल और बिजलीघर पार कर रिक्शा हिन्दू हॉस्टल वाली सड़क पर पहुँचा ही था कि रिक्शे की चेन उतर गई। उस सड़क पर घुप्प अँधेरा था। रिक्शेवाले ने उतरकर अन्दाज़े से चेन ठीक की और रिक्शे को पैदल चलाने लगा।

सुनीता बोली, "जल्दी चलो, हमें देर हो रही है।" तभी कहीं से दन्नाते हुए दो लड़के एक मोटरबाइक पर आये। पीछे बैठे लड़के ने नन्दिता की गोद में रखा उसका पर्स बड़ी सफ़ाई से छीना और मोटरसाइकिल फर्र फर्र चलती हवा हो गयी।

"अरे मेरा पर्स, मेरा पर्स कहाँ गया?" नन्दिता चिल्लायी। रिक्शे वाला, दुर्घटना से निरपेक्ष, वैसे ही पैदल रिक्शा चलाता रहा। सुनीता ने अपना शक ज़ाहिर किया, "इस जगह अक़्सर लोगों के पर्स लुट जाते हैं। रिक्शे वाले, जब तुम्हें पता था तब तुमने यहाँ रिक्शा क्यों रोका?"

रिक्शे वाले ने कहा, "हम तो नये आये हैं। हमें क्या पता कहाँ क्या होता है।"

गुस्से से खलबलाती दोनों महिलाओं ने तय किया कि पुलिस स्टेशन जाना चाहिये।

सुनीता ने कहा, "पुलिस कहाँ है, पुलिस ढूँढो।"

हिन्दू हॉस्टल से कटरा चौराहे तक एक भी सिपाही नज़र नहीं आया हालाँकि ये मेले के दिन थे।

दो-चार राहगीरों से पूछकर वे कटरा पुलिस चौकी पहुँची।

वहाँ एक सिपाही टेलीफोन के पास बरामदे में बैठा था।

कुछ दूर पर एक सिपाही स्टोव पर रोटी बना रहा था।

बाहर अँधेरा था और अजनबीयत।

अन्दर उदासीनता थी।

पुलिस चौकी पर बस इतनी कार्यवाही हुई कि सिपाही ने रिक्शेवाले को पीट कर उसकी कुल कमाई छीन ली और उसे एक तरफ बिठा दिया। रिक्शे के तीनों पहियों की हवा भी निकाल दी गयी।

नन्दिता ने प्रथम सूचना रपट लिखने पर ज़ोर दिया तो सिपाही बोला, ''यहाँ न काग़ज़ है, न कलम। काहे से लिखें?'' एक-दो परिचितों को फ़ोन कर काग़ज़-कलम मँगाये गये। सिपाही ने काग़ज़-कलम हस्तगत कर बताया, ''आप लोग कर्नलगंज थाने जाइये। रपट वहीं लिखी जायगी।''

पास में एक फूटी कौड़ी भी न थी। परिचितों के स्कूटरों पर वे थाने पहुँचीं।

यहाँ भी रामराज्य था। एक सिपाही हैण्डपम्प पर कपड़े फींच रहा था, एक अपने बूट चमका रहा था। एक आदमी वायरलेस से कान लगाकर बैठा था।

कुछ देर बाद एक सब इंस्पेक्टर आया, आते ही उसने कहा, ''कैसे छिन गया पर्स? क्या पकड़ कर नहीं बैठी थीं?''

''पकड़ कर बैठे थे।''

''मुट्ठीगंज से कटरा आने का यही रास्ता मिला आपको? मेडिकल चौराहे से क्यों नहीं आयीं?''

''रिक्शेवाला इसी रास्ते ले कर आया।''

''आप लेडीज़ भी अजीब हैं, निकल पड़ती हैं वक़्त-बेवक़्त!''

नन्दिता एक काग़ज़ पर स्वयं रपट लिखने में व्यस्त हो गयी। तभी थाना प्रभारी आ पहुँचा। उसने सुनीता कक्कड़ से कहा, ''आप साथ चल कर मौका-ए-वारदात दिखाएँ।''

सुनीता और अन्य दो परिचित थानाध्यक्ष की जीप में सवार होकर हिन्दू हॉस्टल चौराहे गयीं। वहाँ अँधेरा और सन्नाटा था।

थोड़ी देर में सब वापस थाने आये।

थानाध्यक्ष ने कहा, ''हम मौका-ए-वारदात देख आये हैं, वहाँ कोई भी नहीं था।''

''वह तो हमारे सामने ही भाग निकला था।''

''आपने मोटरबाइक का नम्बर पढ़ा था?''

''सड़क पर घुप्प अँधेरा था, नम्बर कैसे पढ़ते?''

''यही तो, आप लोग पुलिस की कोई मदद नहीं करते। बस, लुट कर चले आते हैं।''

तभी एक सब इंस्पेक्टर ने बताया, ''अभी हम ममफोर्डगंज चौकी पर बैठे थे। एक मोटर बाइक वाला वहाँ से बड़ा सा काला पर्स लिये गुज़रा।''

"बस-बस, वही था मेरा पर्स", नन्दिता बोल पड़ी, "आपने उसका पीछा नहीं किया?"

"किया था जी। वह किसी गली में घुस गया। एक बात बतायें, जिसने आपका पर्स उड़ाया, उसकी बाइक से धुआँ निकलता था?"

"नहीं" नन्दिता ने कह तो दिया पर उसे लगा इस बेढब सवाल का क्या जवाब होना चाहिये।

"अरे तो फिर वह नहीं होगा न! उसकी मोटरबाइक से तो बहुत धुआँ निकल रहा था।"

"पर्स में कितने पैसे थे?"

यह बताने पर कि पर्स में साढ़े सात सौ रुपये, घर की समस्त चाभियाँ, पेन, लिपस्टिक और फोन डायरी थी, थानाध्यक्ष ने बड़ी हिकारत से कहा, "बस? और साढ़े सात सौ रुपल्ली के लिये आप थाने चली आयीं?"

नन्दिता की नज़र में नुक़सान से भी बड़ा था यह तथ्य कि अपराध पेशवर चोरों द्वारा नहीं बल्कि छात्रों द्वारा किया गया। उसने कहा, "आपको हॉस्टल की तलाशी लेनी चाहिये ताकि अपराधियों की शिनाख़्त हो सके।"

थानाध्यक्ष ने बिगड़ कर कहा, "किस होश में हैं आप बहनजी? किसी स्टूडेन्ट को हाथ लगाओ, तुरन्त विधायक या मिनिस्टर का फ़ोन आ जाता है। सबके आका ऊपर बैठे हैं।"

"फिर भी इसकी रोकथाम तो होनी चाहिये। आये दिन हम छिनैती की ख़बरें पढ़ते हैं।"

"सब बिहार, बंगाल के लड़का लोग हैं। बाप का भेजा मनीऑर्डर ख़त्म हो जाने के बाद आधा महीना ऐसे ही निकालते हैं।"

प्रथम सूचना रपट तो दर्ज हो गयी, हल कुछ नहीं निकला। इस तरह विजयदशमी की शाम नन्दिता पराजयदशमी मनाकर लौट आयी।

दिवाकर ने कहा, "मुझे पहले ही पता था आज बाहर निकलने वाला दिन नहीं है। अख़बार पढ़ती होतीं तो ऐसी गलती कभी न करतीं।"

"तुम्हें तो सब कुछ पहले से पता रहता है पण्डित जी। मेरी ये थोड़ी सी छुट्टियाँ हैं, एक दिन पिक्चर चली गयी तो क्या हो गया।"

अगले दिन दुर्घटना का पूरा दबाव पता चला जब सभी आलमारियों के ताले तुड़वाने और बदलवाने पड़े।

एक-एक चीज़ की क़ीमत याद आती गयी। अकेला और ख़ाली पर्स ही सात सौ का था। उसके अन्दर था कई सौ का सामान। अख़बारों के स्थानीय पृष्ठ पर छिनैती की यह ख़बर प्रमुखता से छपी। कॉलोनी के लोग अफ़सोस जताने आने लगे। फिर से हितैषियों ने समझाया, "आप बहुत भाग्यशाली हैं, सिर्फ़ पर्स छिना, जान और इज़्ज़त नहीं लुटी।"

नन्दिता ने तुनक कर पूछा, "क्यों, और क्या करता?" हितैषी हमदर्दी से हँसे, "आपकी वह धुनाई करता कि आप जीते-जी मर जातीं या चलिये छुरा मार देता। रुपये तो समझो खर्च हो गये या खो गये। रुपयों का क्या है, फिर आ जायंगे। आबरू और जान वापस नहीं आतीं।"

नन्दिता जानती है। पहली को तनखा फिर मिलेगी। रुपये तो आ ही जायंगे पर उसके मनोबल पर लगातार प्रहार हो रहे हैं, आत्मविश्वास को ठेस पहुँच रही है, उसके नागरिक अभिमान की धज्जियाँ उड़ रही हैं, शिक्षा जगत का तेज़ी से अपराधीकरण हो रहा है, यह सब कैसे सुधर पायेगा?

नन्दिता के देखते-देखते शिक्षा जगत का वातावरण बदला है। यही वह शहर है जहाँ युनिवर्सिटी क्षेत्र में एक-से-एक होनहार छात्र उच्च श्रेणी में परीक्षाएँ उत्तीर्ण कर प्रतियोगी परीक्षाओं की तैयारी में लग जाते। ठेलों पर से कॉपियाँ और रजिस्टर थोक के दाम खरीद कर नोट्स बनाते और नम्बरों की स्पर्धा करते। उनकी जीन्स उधड़ी होती, शर्ट मैली; किन्तु दृष्टि एकदम साफ़ और लक्ष्यभेदी। यों ही नहीं इलाहाबाद शिक्षा की मण्डी कहाता, हर साल आई.ए.एस., पी.सी.एस. की सूची में सबसे ज़्यादा छात्र इसी शहर के होते।

पिछले कुछ वर्षों से यह व्यवस्था चरमरा गयी है। अब छात्र पढ़ाई के बहाने हॉस्टल के कमरों पर कब्ज़ा किये रहते। एक-एक छात्र अपने साथ तीन-चार मेहमान ठहरा लेता। सबको सफ़ेद चूरन की लत पड़ जाती। ये सब जीवन के पिछले दरवाज़ों से आगे आना चाहते। एक अदद मोटरबाइक और दुस्साहस के भरोसे ये कुछ भी कर गुज़रने को तैयार हो जाते—छिनैती, डकैती, राहजनी, ठगी और गुण्डई। जल्द से जल्द अमीर बनने की हसरत में इन्हें फ़िरौती के लिये छोटे बच्चों के अपहरण से भी परहेज़ नहीं। ये सब ख़तरनाक राहों के अन्वेषी हैं। ये इनके पराजित संस्कार हैं या परिवेशगत विकृतियाँ—यह मनोविज्ञान के साथ समाजशास्त्र के भी अध्ययन का विषय होना चाहिये। पता

नहीं विश्वविद्यालय के ये दोनों विभाग विद्यार्थियों की इस परिणति पर चिन्तित हैं या नहीं। यही हाल रहा तो सामान्य आदमी को इस नगर में दुबक कर जीना पड़ेगा। बदमाशों के हौसले बुलन्द हैं। पुलिस बैरहना में उनके पीछे भागती है तो ख़बर मिलती है कि धूमनगंज में उससे भी संगीन अपराध हो गया। पुलिस के कारिन्दे सारा दिन वर्दी और वायरलेस से लैस इधर से उधर दौड़ते हैं। अपराधी उन्हें चकमा दे जाते हैं। देखते-देखते पुलिस में भी हैवानियत बढ़ती जाती है। वे जिसे धर दबोचते हैं उसी को अपराधी साबित करने पर तुल जाते हैं। विद्यार्थी जगत के अपराधीकरण की कोई चिन्ता नहीं कर रहा। नेतागण अपने समीकरण बैठाने में लगे हैं, व्यापारी अपनी तिजोरी और गोदाम भर रहे हैं और शिक्षक पढ़ाने के प्रति ठण्डे, रूखे, उदासीन और तटस्थ हो गये हैं। क्या इसी को उत्तर आधुनिक समय कहा जायगा जब मनुष्य फिर बर्बरता की तरफ़ लौट रहा है। फ़र्क़ सिर्फ़ इतना है कि पुराने समय की बर्बरता का कोई रिकार्ड उपलब्ध नहीं है। आज समय की क्रूरता का सचित्र लेखा-जोखा रखने के लिए कैमरा और कम्प्यूटर है जो क्या इसी काम आयेगा?

रात भर इन्हीं विचारों में भटकती नन्दिता की नींद ग़ायब हो गयी। उसे लगा, आखिर ऐसी कौन सी शिक्षा-पद्धति काम में लायी जाय जो विद्यार्थियों को डिग्री के साथ जीवन-मूल्यों से भी अलंकृत करे। यह काम नैतिक शिक्षा के नाम पर दिये गये रूखे-सूखे प्रवचनों से नहीं होना है।

हालाँकि लड़कियों के शैक्षिक विकास में अपराधीकरण की समस्या नहीं थी, इतना तय था कि चेतना के स्तर पर उन्हें भी खटखटाना ज़रूरी था। वे भले ही अपने भाइयों को न बदल सकें, अपनी अगली पीढ़ी के सुधार में ज़रूर अहम भूमिका निभायेंगी।

नन्दिता ने संकल्प कर लिया कि दीपावली अवकाश के बाद वह एक स्टाफ मीटिंग कर शिक्षकों को यह ज़िम्मेदारी सौंपेगी कि वे छात्राओं के नैतिक आचरण की देखभाल करें।

क्रिसमस अवकाश से पूर्व यह कॉलेज का सबसे छोटा कार्यसत्र था। थ्योरी विषयों के लिए यह निर्णायक समय था जिसमें पाठ्यक्रम के सभी महत्वपूर्ण अध्याय निपटाये जाते, स्टाफ़ मीटिंग में कुछ प्राध्यापिकाएँ मौन

मन्त्रणा में लिप्त थीं, तो कुछ बुनाई में। वे फ़ुर्सत के छोटे-से-छोटे लम्हे में पर्स में से बुनाई निकाल लेतीं। 'एक सीधा एक उलटा' में ध्यान देते-देते वे उसमें ग़र्क हो जातीं। मीटिंग में अपनी उपस्थिति वे यांत्रिक तरीक़े से कॉलेज के रजिस्टर में दर्ज करवा कर बार-बार पूछतीं, ''दीदी, अब आपको हमसे कोई काम तो नहीं है, हम जायं?''

असन्तोष पर भरसक नियन्त्रण रख नन्दिता ने कहा, ''घर तो रोज़ ही जाती हैं, थोड़ा समय कॉलेज को भी दिया कीजिये। इतना अच्छा मौसम है, काम के साथ चाय भी पियेंगे तो अच्छा लगेगा।''

माणिक वर्मा तिनतिना कर बोली, ''दीदी, आपने मीटिंग के लिये बुलाया है। मीटिंग की बात कीजिये, चाय-वाय में वक़्त बरबाद मत कीजिये।''

नन्दिता ने कौतुक से उसे देखकर कहा, ''माणिकजी, यह मीटिंग है। कॉन्डोलेंस मीटिंग नहीं।''

छात्राओं के हित में विचार-विमर्श करने पर संकेत ऐसे मिले कि शिक्षिकाएँ अपनी छात्राओं के विषय में नगण्य जानकारी रखती हैं। तिवारी मैडम ने कहा, ''दीदी, हम कोई लड़कियों के अन्दर घुस कर तो देख नहीं सकते वह सीधी हैं या टेढ़ी?''

भाषा की विरूपता पर भड़कने की तबियत हुई मगर बाकी शिक्षिकाओं के 'फिच्च' से हँस देने पर वह चुप रह गयी। उसने इतना कहा, ''उनसे सहज बातचीत कर अन्दाज़ा तो लगा ही सकती हैं कि उनका विकास किस तरफ़ जा रहा है।''

पायल सक्सेना ने कहा, ''दीदी, सब एकदम उस्ताद हैं। मॉर्निंग शो देखकर आयेंगी तो कहेंगी, जी, मन्दिर से आ रहे हैं।'' तिवारी मैडम का धैर्य समाप्त हो रहा था, ''दीदी, कोर्स ही ख़त्म हो जाय तो बहुत जानिये। हम इससे अधिक क्या कर सकते हैं? आप स्वयं पता लगाया कीजिये कौन कैसी है, क्या हैं।''

नन्दिता जितना उन्हें ज़िम्मेदारी से लादना चाहती, उतना वे बचने के तरीके जानती थीं। अन्ततः हर मीटिंग की तरह यह मीटिंग अनिर्णीत ख़त्म हुई।

प्राध्यापकों और प्राचार्या के बीच परस्पर जय-पराजय का मैच जब-तब चलता रहता।

स्टाफ मीटिंग की असफलता के बाद प्राचार्या ने अनुशासन में कड़ाई लाने का प्रयत्न किया। उसने एक आदेश जारी किया, 'कॉलेज परिसर में कोई प्राध्यापिका बुनाई-सिलाई का कार्य करती देखी गयी तो उस पर अनुशासनात्मक कार्यवाही की जायगी।'

किसी भी प्राध्यापिका ने आदेश पर हस्ताक्षर नहीं किया। मौखिक रूप से हर शिक्षिका अपना बयान और दूसरी शिक्षिका पर इलज़ाम दे गयी।

"हम तो क्लास में कभी बुनाई नहीं निकालते दीदी। वह तबला दीदी हैं न, बच्चों को तीन ताल, झपताल में फँसाकर, ऊपर बैठी-बैठी आधा स्वेटर बुन डालती हैं। रोज़ नया स्वेटर पहन कर आती हैं।"

"उनको मैं समझ लूँगी पर आप क्लास क्या, पर्स में भी बुनाई मत लाया करें।"

"दीदी, हम तो रिक्शे में आते-जाते बिनते हैं।"

नन्दिता को लगता, महिला शिक्षकों की दशा कभी नहीं सुधरेगी। पाँचवाँ वेतन आयोग लागू हो चुका था, संकाय सुधार योजना के अन्तर्गत कई बैठकें हो चुकी थीं। नयी शिक्षा नीति लागू की जा चुकी थी, पाठ्यक्रम में मूलभूत परिवर्तन हो गये थे लेकिन प्राध्यापन उसी ढब और ढर्रे पर चल रहा था। यह केवल रानी लक्ष्मीबाई डिग्री कॉलेज का नहीं, सभी कॉलेजों और युनिवर्सिटी का हाल था। इस कूड़मगज़ी में से जो चुनींदा छात्र-छात्राएँ प्रतिभाशाली निकल आते तो सिर्फ़ इसलिए कि उनका व्यक्तिगत अध्ययन श्रेष्ठ होता।

दिसम्बर आते-आते तक मज़े की ठण्ड हो गयी। सुबह इच्छा होती देर तक कम्बल में लिपटे रहें पर काम पर पहुँचने की अनिवार्यता आलस को धता बता देती। गरम कपड़ों के ट्रंक खोल कर शॉल-दुशाले निकले गये। स्वेटर देखे, सँभाले गये कि लो ठण्ड तो आ गयी।

कॉलेज में भी ठण्ड का आगाज़ पता चला।

"इस साल ग़ज़ब की ठण्ड पड़ रही है", पायल सक्सेना ने अपना कीमती शॉल लपेटते हुए कहा।

मिस रक्षा नैय्यर की नियुक्ति इसी साल जुलाई में हुई थी। उसने साड़ी के साथ मेल खाता हुआ पतला-सा नायलॉन ब्लाउज़ पहना हुआ था।

उसे बड़ा अजीब लगा कि नवम्बर खत्म होने के पहले सभी प्राध्यापिकाओं ने शॉल निकाल लिये। कुछ तो मोज़े भी पहन कर आने लगी थीं। उसने कहा, ''ठण्ड हर साल पड़ती है। फिर भी हर साल लोग कहते हैं कि इस साल ठण्ड ग़ज़ब की है''

''तुम्हारी उमर पर तो ठण्ड में भी गर्मी लगती है रक्षारानी।'' शर्मा बहनजी ने कहा और पन्नी में से ऊन-सलाई निकाल कर बिनाई शुरू कर दी।

''अरे, अभी तक चाय नहीं चढ़ायी ननकी ने? ननकी ओ ननकी, कहाँ मर गयी।'' मालवीय मैडम ने दोनों दरवाज़ों से बारी-बारी झाँका, ''बताओ, एक ही तो फ्री पीरियड होता है मेरा। उसमें भी चाय तैयार न हो तो चाय-क्लब ज्वॉइन करने से क्या फायदा? हर महीने दस रुपये डूब जाते हैं मेरे।''

मालीवय मैडम चाय पर बहुत ज़ोर देती थी। अगर एक भी दिन वे चाय न पी पातीं, वे कहतीं उन्होंने हफ़्ते भर से चाय नहीं पी। कपूर मैडम की आवाज़ हर वक़्त भर्रायी रहती। वे हमेशा दवा खाती रहतीं लेकिन उनका गला कभी ठीक न होता। वे भर्राये गले से बोली, ''गरम चाय पीकर क्लास में जायं तो कुछ आवाज़ निकले।'' ननकी हाथ में मूँगफली का पुड़ा ले कर जैसे ही स्टॉफ़रूम में घुसी, सभी टीचरें उस पर बरस पड़ीं, ''ऐन चाय के समय तुम कहाँ घूमती रहती हो? यह मूँगफली लाने का टाइम है या चाय देने का?''

ननकी को इस तरह की फटकार पसन्द नहीं थी। शकुन के हाथ खींच लेने पर चाय बनाने का काम उसके गले पड़ गया। वह इस काम को ज़रा नखरे से करती जैसे काम नहीं, कृपा कर रही हो।

बिना कुछ कहे ननकी ने जल्दी से स्टोव जलाया और चाय का पानी चढ़ा दिया।

मूँगफली उसने प्लेट में डाल कर तिवारी मैडम को दे दी। तिवारी मैडम का बेटा आज उनके साथ आया था। मूँगफली उसी के लिये आयी थी।

तिवारी मैडम ने ननकी की तरफ़ बिल्कुल ध्यान नहीं दिया और मूँगफली छील कर बबलू को खिलाने लगीं।

'कंजूस, मक्खीचूस' मन-ही-मन कहा ननकी ने और स्टोव की तरफ़ मुड़ गयी।

"सिर्फ़ दस मिनट रह गये हैं घंटी बजने में। मैं पूछती हूँ चाय आज मिलेगी या कल?" मालवीय मैडम चिल्लायीं।

"बस बहनजी, पानी खौल जाय तनी।"

"यह इत्ता हण्डा भर पानी किसने कहा तुझे चढ़ाने को? पहले मेरी एक कप बना देती।"

ननकी ने जवाब नहीं दिया।

ननकी को खुद भी चाय की जल्दी थी। दरअसल उसे ठण्ड बहुत लग रही थी, इसीलिए वह मूँगफली वाले के यहाँ धूप में कुछ देर खड़ी रह गयी थी। आठ-दस मूँगफली वह पहले ही पेट में डाल चुकी थी। सोचा तो उसने यह था कि कोई बहनजी समोसे मँगवायेगी तो उसका भी नाश्ता हो जायगा पर समोसे का कोई कार्यक्रम नहीं बना।

ननकी बड़ी बहनजी की चाय ले कर गयी तो देखा बड़ी बहनजी आज काफ़ी अच्छे मूड में हैं। उसने चाय उनके आगे रखी और धीरे-से कहा, "पी लें बहनजी, इत्ती जून बड़ी ठण्ड पड़ रही है।"

बड़ी बहनजी बैठी-बैठी एक फ़ाइल से उलझ रही थीं। ऐसे में चाय का प्याला देख उन्हें बड़ी राहत मिली। उन्होंने ननकी की तरफ स्नेह से देखा और कहा, "ठिठुर रही हो, शॉल कहाँ गया तुम्हारा! मैंने पिछले साल ही तो दिया था।"

"अरे बहनजी, पूछें न कुछ। वह शॉल हमार भौजाई ले लिहिन। इत्ता बढ़िया शॉल रहा। बदले में अपनी पुरानी रजाई दिये रही भौजाई। आप जानें बहनजी। दिन तो धाम के आसरे कट जाय पर रात भारी पड़ जात है।"

"हम जो भी कपड़ा तुम्हें देते हैं तुम भौजाई को दे डालती हो।"

"नहीं बहनजी।" ननकी ने कानों को हाथ लगाया, "अब हम उनकी बातों में न आब" उसने हाथ जोड़े, "इस बार हमें एक शॉल दिवाय दें बहनजी, हम जिनगी भर सँभालबे।"

"हमने तुम्हारा ठेका लिया है? और इतनी बहनजी हैं, उनसे माँगो। सबके कपड़े पुराने पड़ते हैं।"

"अरे बहनजी, आप सरीखे दरियाव मनई थोरो होते हैं सब? कपूर बहनजी तो इत्ती कंजूस हैं, कभी फटा ब्लाउज़ तक नहीं धरती हाथ पर। तिवारी बहनजी कपड़े की बदली बर्तन लेती हैं। आपके सिवा हम कोऊ से नहीं माँगित।"

"अच्छा जाओ अपना काम करो, सोचेंगे हम।"

नन्दिता यों तो अपने चतुर्थ श्रेणी कर्मचारियों के लिए सहृदयता रखती थी पर खर्च के नाम से उसे भी घनघोर चिढ़ थी। एक साल उसने सर्दियों में घण्टाघर से खरीद कर चपरासी को कोट, चौकीदार को कम्बल और चपरासिनयों को शॉल मँगवा दिया था। पहले तो कर्मचारियों ने ख़ुश हो कर कपड़े ले लिये लेकिन अगले ही दिन वे कपड़े उनके ऑफिस में लाकर उन्होंने पटक दिये, "हम नहीं पहनने ये गरम कपड़े। ये मरे मुर्दों के कपड़े हैं।"

बड़ी बहनजी का पारा चढ़ गया। पारा चढ़ने पर नन्दिता बड़ी अटपटी हिन्दी बोलती थी, "कौन बोला ये मुर्दे के कपड़े हँय। ये कपड़े मैं मुरदाघर से मँगवाया कि घण्टाघर से मँगवाया, बोलो? अब प्रूव करो ये कपड़े मरे मुर्दों के हैं। बिना प्रूफ़ हम कोई बात नहीं सुनता।"

यह आम धारणा थी कि घण्टाघर की पटरियों पर गरम कपड़े इतने सस्ते इसलिए बिकते हैं कि ये मृतकों के होते हैं।

कर्मचारियों ने कोई प्रूफ़ नहीं दिया लेकिन कपड़े भी नहीं उठाये। आख़िरकार वे कपड़े एन.सी.सी रूम में डाल दिये गये जहाँ यूनिफॉर्म भरे रहते थे।

नन्दिता ने क़सम खाई थी कि अब इन सबको ठिठुरते देखकर भी कभी द्रवित नहीं होगी, पर ठण्ड के शुरू होते ही वह बड़ी मार्मिकता से भर गयी। अपना कीमती पश्मीना बदन से लपेटते हुए वह सोच रही थी कैसे अपने कर्मचारियों को ठण्ड से छुटकारा दिलाये। निश्चित ही उसकी मार्मिकता का सम्बन्ध रुपये-पैसे की उदारता से नहीं था वरन् एक ऐसी काक दृष्टि से था जिसके अन्तर्गत अन्ततः लाभ और यश उसे ही प्राप्त होता था।

चाय ख़त्म करते तक वह निर्णय कर चुकी थी।

स्टाफ रूम में उसकी घोषणा के समय तो सभी ने सहमति में गर्दन हिला दी लेकिन उसके वहाँ से हटते ही बड़बड़ाहट का दौर शुरू हुआ। बड़ी बहनजी ने कहा था कि कल सभी अध्यापिकाएँ उनके पास पाँच-पाँच रुपये जमा कर दें, एक मानवतावादी कार्य के लिये उन्हें यह चन्दा चाहिये।

बात यह नहीं कि पाँच रुपये देना टीचरों के लिये मुश्किल था। बात दरअसल यह थी कि हर महीने किसी न किसी बहाने, कोई न कोई चन्दा

टीचरों के सिर ठोक दिया जाता। बड़ी बहनजी कभी कोई झण्डा खरीदना अनिवार्य बना देतीं तो कभी कोई रैफिल। सरकारी आदेश के तहत भी कभी बाढ़ के लिये तो कभी भूकम्प के लिये एक दिन का वेतन देने के लिये शिक्षा निदेशालय का माँग-पत्र आया रहता। बड़ी बहनजी की हर योजना की बिजली स्टाफ़ पर ही गिरती। फिर इस बार यह भी नहीं बताया जा रहा था कि योजना क्या है।

कुढ़ने और चिढ़ने के बावजूद स्टाफ़ के द्वारा अगले दिन बड़ी बहनजी की मेज़ पर डेढ़ सौ रुपये जमा किये गये। दो-तीन टीचरों ने कैज़ुअल लीव ले ली। उन्हें चन्ट, कमीनी और स्वार्थी की उपाधियाँ प्रदान की गयीं।

यह तो स्टाफ को अगले ही दिन मालूम हुआ कि चन्दा ननकी के लिये जमा किया गया था।

चाय के वक़्त बड़ी बहनजी ने स्टाफ़रूम में आ कर बाक़ायदा, बाइज़्ज़त शॉल का पैकेट निकाला और मानव-प्रेम पर छोटा-सा व्याख्यान स्टाफ़ के सदस्यों को दिया।

शॉल सुन्दर था। ननकी छोटे-से कद की दुबली-पतली औरत थी। उसे कॉलेज में काम करते ग्यारह साल हो गये थे लेकिन उसकी नौकरी अभी भी कच्ची थी। कच्ची नौकरी कैसे पक्की होती है—यह ननकी को मालूम नहीं था। बस इतना मालूम था कि कच्ची नौकरीवालों को पक्की नौकरी वालों से आधा वेतन मिलता है। इन सवालों पर संघर्ष करना ननकी ने छोड़ दिया था और अपनी हर समस्या को तक़दीर के खाते में डालती जा रही थी।

ननकी की सही उम्र की जानकारी ख़ुद उसे भी नहीं थी पर कपड़ा उसके बदन पर खिल उठता था।

नीले रंग के शॉल में गुलाबी चारखाना बना हुआ था।

पैकेट से निकाल कर शॉल, बड़ी बहनजी ने ननकी को ऐसे उढ़ाया जैसे राष्ट्रीय पुरस्कार प्राप्त करते हुए जर्जर कलाकारों को राष्ट्रीय नेता उढ़ाया करते हैं। प्राध्यापिकाओं ने कुढ़ते-कुढ़ते तालियाँ बजायी और इस तरह यह छोटा-सा मानवतावादी काम सम्पन्न हुआ।

ननकी ने रातों रात अपनी मैली बदरंग धोती को गुलाबी रंग में रंग डाला। गुलाबी धोती के साथ नीला शॉल खूब खिलेगा। उसने एक गुलाबी

चुटीला खरीदा और अगले दिन बड़े मनोयोग से तैयार हो, शॉल लपेट, जब वह काम पर पहुँची, उसे अपना आप किसी टीचर से कम नहीं लग रहा था।

पहले पीरियड में ही तिवारी मैडम ने ननकी को क्लास में तलब किया। ननकी को देखते ही वे गरजने लगी, "यह मेज़ साफ की है तुमने? मेज़ के नीचे जाले ही जाले लगे हैं, कुर्सी पर इतनी धूल है। मेरी सारी साड़ी खराब हो गयी। सफ़ाई का काम मेरा है या तुम्हारा?"

"साफ किये थे बहनजी" ननकी ने कहा और घबराहट में नंगे हाथों जाले हटाने लगी।

"मैं क्या झूठ बोल रही हूँ? आने दो बड़ी बहनजी को।"

तब तक एक छात्रा ने उठकर अपने रूमाल से कुर्सी झाड़ दी। ननकी क्लास से निकल गयी।

बरामदे में मालवीय मैडम रजिस्टर हाथ में झुलाती हुई आ रही थीं। उन्होंने कहा, "ननकी, ज़रा जल्दी से चाय तो बना दो। मेरी लगातार क्लासें हैं।"

ननकी चाय की तैयारी में लग गयी।

चाय बनते ही स्टाफ रूम में टीचरों की संख्या बढ़ गयी।

ननकी ने अभी सिर्फ़ एक पतीला चाय बनायी थी। सोचा था, दो-चार कप बहनजियों को देकर वह अपना स्टील का ग्लास भर लेगी और धूप में बैठ कर मज़े से पियेगी पर चाय तो थोड़ी पड़ गयी।

पायल मैडम ने ग़ुस्से से दाँत किचकिचाए, "लो बोलो, चाय ख़त्म भी हो गयी, तुमने हमें पूछा तक नहीं। ए ननकी, तुम्हारे शॉल में हमने भी चन्दा दिया है। तुम हमीं से चालाकी करती हो!"

"नहीं बहनजी, अभी पानी चढ़ा रही हूँ, आप दो कप पी लेना।"

"नहीं, अब तुम्हारी चाय नहीं पियेंगे। तुम्हें तो बड़ी शान चढ़ी है।"

ताव ही ताव में पायल मैडम ने रामदीन को आवाज़ लगायी, "ए रामदीन, हमारी चाय बाहर से लाओ।"

तभी बड़ी बहनजी आ गयीं।

नन्दिता ने घड़ी की तरफ देखा। यह तीसरा पीरियड था। क़ायदे से इस समय सबको अपनी क्लास में होना चाहिये था। पर स्टाफरूम में तो मेला लगा हुआ था।

नन्दिता ने एक कठोर दृष्टि स्टाफरूम के अन्दर डाली और अपने केबिन में पहुँच कर आवाज़ लगायी "ननकी।"

ननकी के सामने आते ही वह उस पर बरस पड़ी, "कितनी बार तुम्हें कहा है कि चौथे घण्टे के पहले चाय न बनाया करो पर तुम्हें तो आते ही चाय की पड़ी रहती है। कर दिया न काम का कबाड़ा! लड़कियों का टाइम हर्ज़ कर ये सब चाय पी रही हैं। इसके बाद कहाँ सीधी क्लास में जायंगी। अभी तो ये बाथरूम जायंगी, फिर साड़ी ठीक करेंगी। सब काम तुम्हारी वजह से बिगड़ा है।"

"नहीं बहनजी, मालवीय बहनजी की तबियत खराब रही..."

"मालवीय बहनजी की तबियत ठीक कब रहती है? उनसे कहो अपनी चाय थर्मस में ले कर आया करें। कल से चाय तब बनेगी जब मैं कहूँगी।"

"अच्छा।"

"अब मेरी चाय आज रक्खी है या उसे भी पी गयी?"

"अभी लायी बहनजी।"

ननकी स्टाफरूम की ओर लपकी।

स्टाफ़रूम ख़ाली था। पानी स्टोव पर उबल रहा था। ननकी ने जल्दी से स्पेशल चाय बनायी।

बड़ी बहनजी को काँच के ग्लास में भर कर दी और अपना ग्लास भर कर धूप में स्टूल पर रखा ही था कि रामदीन आ टपका। "चलो, चल कर हॉल कमरा की पोंछाई करो। पौने एक बजे टी. वी. देखाया जाइ तब तुम्हारी मरम्मत होबै करी।"

"तनी चाय पी लें।"

"रुकी रहो, हमहु पियाला लेत आब। तुम इत्ती चा का करोगी।" जब तक चाय का बँटवारा हुआ, चाय ठण्डी हो चुकी थी। एक घूँट में चाय सुडुपकर वे दोनों हॉल की तरफ़ चल दिये।

कॉलेज को यू.जी.सी. द्वारा टी. वी. दिया गया था कि दोपहर में प्रसारित शैक्षिक कार्यक्रम विद्यार्थियों को दिखाया जाय। क्लासरूम छोटे पड़ते इसलिए टी. वी. हॉल में रखा गया था लेकिन दोपहर में अक़्सर बिजली ग़ायब रहती। मुश्किल से हफ़्ते में एक दिन छात्राएँ यू.जी.सी. प्रोग्राम देख पातीं। बाकी समय उनका आग्रह रहता कि मैडम बगल की दुकान से वी.सी.पी मँगवा

कर उन्हें फ़िल्म देखने दें। नन्दिता लड़कियों को फ़टकार देती लेकिन अब टीचरें भी कहने लगी थीं 'दीदी, कभी-कभी मनोरंजन भी होना चाहिये।'

हॉल की सफ़ाई के लिए लल्लन की उपस्थिति ज़रूरी थी जो अभी तक मैनेजर के घर से नहीं लौटा था। हफ़्ते में दो दिन उसे उनके यहाँ सफ़ाई के लिए जाना पड़ता था। अगर कभी वह नाग़ा कर देता, मैनेजर वेतन बिल पर अपने हस्ताक्षर करने से इनकार कर देते। वे पैन बन्द कर बड़े बाबू से कहते, "जाइये, पहले साइकिल के पीछे बैठा कर लल्लन को ले कर आइये। मार नाली रुकी पड़ी है। जब वह अपना काम करेगा, तब हम अपना काम करेंगे।" बड़े बाबू फ़ोन की तरफ़ हाथ बढ़ाते, "जी हम बड़ी गुरुजी को फ़ोन पर कह देते हैं। वे लल्लन को भेज देंगी।"

मैनेजर गुर्राते, "फ़ोन का पैसा कौन देगा? जाइये, लल्लन को ले कर आइये।"

इस वजह से लल्लन ने अब मैनेजर के यहाँ नियमित और कॉलेज में अनियमित सेवा देनी शुरू कर दी थी ।

किसी तरह हॉल की छिटपुट सफ़ाई कर ननकी और रामदीन नीचे आये।

ननकी को देखते ही मानिक मैडम स्टाफ़रूम में चिल्लाई, "ननकी, तुमने सारी चाय खत्म कर दी, हमें मिली ही नहीं। शॉल ओढ़ कर तुम तो मेमसाब बन गयीं, चाय भी नहीं दे सकतीं।"

शाम तक बारी-बारी से कई टीचरों का कोप ननकी पर उतरा। ननकी की तबियत भन्ना गयी। उसे बड़ी बहनजी पर भीषण नाराज़गी उठी। उसने शॉल माँगा था, फ़जीहत नहीं।

हालत यह हो गयी कि सुबह जो शॉल उसकी देह को नरम-गरम और सुखकर लग रहा था, दोपहर तक उसे घटिया, खुरदुरा और ठण्डा लगने लगा। बदन पर शॉल जैसे काटने लगा।

आख़िरी पीरियड खेलकूद का था।

सभी प्राध्यापिकाएँ इस वक़्त खाली थीं।

कुछ वरिष्ठ शिक्षिकाएँ अपनी कुर्सी धूप में निकालकर बैठ गयीं।

नन्दिता की इच्छा थी कि वह भी बाहर बैठकर धूप खाय लेकिन उसका ख़्याल था कि ज़्यादा मिल-जुल कर बैठने से टीचरें सिर चढ़ जाती हैं। अतः मन मार कर वह अन्दर अपने रूम हीटर के सहारे बैठी रही।

तिवारी मैडम ने मूँगफली मँगायी। अलग से एक रुपया ननकी को देकर बोलीं, "ज़रा जल्दी से फाटक पर से मुझे एक कप गरमागरम चाय ला दे। यह ले चाभी। लॉकर में से मेरा ग्लास निकाल ले।"

ननकी ने आदेश का पालन किया।

फाटक पर चायवाले ने तभी ताज़ी चाय बनाई थी। चायवाले को ननकी अच्छी लगती थी। बाकी चपरासिनें उसे टेढ़ी और बदमिज़ाज लगतीं। वे किसी न किसी बहाने उससे तक़रार मोल लेतीं पर ननकी कभी बुरी जुबान नहीं बोलती।

"बड़ी जँच रही हो आज" चायवाले ने चाय ग्लास में ढालते हुए कहा तो ननकी के गालों के गुलाब खिल गये। चायवाले ने उत्साह में ग्लास ऊपर तक भर दिया।

"तनी कम करो, छलक जाई। लेके कैसे जाब?"

"ज़रा ठुमके से चलना छोड़ दो तो ना छलकी" चायवाले ने रसभरी नज़र से उसे देखा और कागज़ का एक टुकड़ा थमा दिया।

ननकी ने कागज़ के सहारे ग्लास पकड़ा और अन्दर चली।

ग्लास बहुत गरम था।

किसी तरह धोती के पल्लू की तह पर रखकर ननकी ने ग्लास तिवारी मैडम तक पहुँचाया। तिवारी मैडम ग्लास पकड़ ही रही थीं कि मैदान में खेलती एक लड़की का धक्का ननकी को लगा और ग्लास की चाय तिवारी मैडम पर छलक गयी। तिवारी मैडम ग़ुस्से से पागल हो गयीं, "ननकी, तुमने तो हद कर दी। खुद नया शॉल क्या ओढ़ लिया, दूसरों के कपड़ों को टाट-पट्टी समझने लगीं। शरम नहीं आती, चाय गिरा दी। मेरा पाँच सौ का शॉल ख़राब कर दिया।"

तिवारी मैडम स्टाफ़रूम की तरफ चल दीं। उनके साथ बैठी प्राध्यापिकाएँ छुट्टी की घण्टी का इन्तज़ार कर रही थीं। उन्होंने घुड़का, "ननकी, कब का साढ़े तीन बज गया, तुम्हें आज घण्टी बजानी है या वह काम भी हमीं करें? बाप रे, ऐसा शॉल भी किस काम का, तुम किसी काम की ही नहीं रहीं। हमने तुम्हें शॉल दिया है या बला मोल ली है!"

सबके चले जाने के बाद नन्दिता ने जाने की तैयारी की। तैयारी के अन्तर्गत पानी पीना, बाथरूम जाना, दराज़ और आलमारी के पल्ले खींच कर देखना जैसे कार्यक्रम हुआ करते।

तभी ननकी उनके कमरे में दाख़िल हुई। उसके कन्धों पर शॉल नहीं था। उसने पुराने अख़बार में लिपटा अपना नया शॉल बड़ी बहनजी की मेज़ पर रख दिया और हाथ जोड़कर बोली, "बहनजी, यह शॉल आप लेत जायं, हमका ना चाही।"

नन्दिता की त्योरी चढ़ी, "क्यों, अब क्या हुआ? यह भी मुरदाघर का लगता है तुमको। रसीद निकालें, देखोगी कहाँ से लाये हैं?"

"नहीं बहनजी, आपके हाथ जोरत हैं, हम शॉल न लेब। सुबह से मार फबती सुन-सुन हमार छाती फट गयी।"

नन्दिता ने असीम करुणा से ननकी को देखा। वह बहुत दुखी लग रही थी। नन्दिता के मन में अपनी सहकर्मी टीचरों के लिये असह्य क्रोध का ज्वार उठा। इनके अन्दर मानवता तो रही ही नहीं है। ठीक है, कल से एक-एक को कसेगी वह।

यह नया कार्यक्रम हाथ आते ही नन्दिता, निश्चिंत और शान्त हो गई। शॉल उसने लापरवाही से एक कोने में डाल दिया।

तृतीय और चतुर्थ श्रेणी के कर्मचारियों की अपनी ही दुनिया थी। वे इस दुनिया में मगन विचरते रहते बशर्ते कि कोई उनकी किसी हरक़त को चुनौती न दे।

नन्दिता का स्वभाव, धारा के साथ बहने का ज़रूर था पर उसमें कभी सिद्धान्त या सनक के अवरोध पड़ जाते। नन्दिता स्वयं अपनी छुट्टियों का बहुत कम उपभोग करती थी। दिवाकर को हर हफ़्ते अपना अख़बार निकलने के कारण शहर में रहना होता। घर का काम पुरानी सेविका मालती के ज़िम्मे था। रिश्ते-नातों का निर्वाह वे लोग फ़ोन और पत्र द्वारा कर लिया करते। आधुनिक युग के आत्मकेन्द्रीकरण के चिह्न इस दम्पती के जीवन में आ चुके थे। इसमें स्वाधीनता और सुविधा का आदर्श मेल था।

कॉलेज के कर्मचारियों ने अपनी जीवन-शैली का ऐसा कोई कैप्सूल नहीं बनाया था। नौकरी के दैनिक चक्र में घूमते हुए उनका एक सिरा परिवार के पल्लू से बँधा रहता। पत्नी की बीमारी, बेटी का ब्याह, फ़सल की कटाई और बुजुर्गों का श्राद्ध कुछ ऐसे अवसर थे जिनकी सूचना बाबू या चपरासी

वर्ग नन्दिता को प्रत्यक्ष न देता, परोक्ष आवेदन छोड़ जाता। छोटे से कॉलेज में सभी के काम का ऐसा आवंटन था कि एक के न आने से सारी प्रक्रिया प्रभावित हो जाती। नन्दिता किचकिचाती, ''कितनी बेटियाँ हैं बड़े बाबू की? अभी छः महीने पहले भी उन्होंने लड़की के ब्याह के लिये छुट्टी ली थी।''

''तब वरीक्षा हुई थी। उसका भी ताम-झाम शादी जैसा ही होता है,'' उसे बताया जाता।

नन्दिता प्रबन्धक से शिकायत करती, ''बाबूजी, कॉलेज का काम कैसे चले? बड़े बाबू तो गाँव जा कर बैठ गये हैं। न वेतन बिल बना है, न अनुसूचित जाति छात्रवृत्तियाँ आयी हैं। इस बार सब प्राध्यापकों को बढ़ी हुई दर से महँगाई भत्ता और मकान किराया दिया जाना है। विवरण कौन बनायेगा?''

डी.डी. अग्रवाल बड़ी ठहरी हुई बुद्धि के आदमी थे। वे उसे समझाते, ''लेने दीजिये उसे छुट्टी। अपनी छुट्टी का ही उपभोग कर रहा है, एक्स्ट्रा तो नहीं माँगता न। काम का क्या है? फ़ीस बाबू उससे ज़्यादा इन्टेलिजेन्ट है, उसे ट्रेन कीजिये। जो नई लड़की ऑफिस में आयी है, उसे भी काम सिखाइये, कब तक वह नयी बहू बनी बैठी रहेगी!''

अमृता सिंह पर प्रबन्धक की टिप्पणी नन्दिता को कसक जाती। सच्चाई यह थी कि वह नयी बहू नहीं, नयी विधवा थी। अनुकम्पा के आधार पर उसकी नियुक्ति इस कॉलेज में हुई थी। पति के जीते-जी उसने कभी नौकरी नहीं की थी। दुर्घटनावश उसके पति की मौत हो गयी।

चूँकि उसका पति भी शिक्षण-विभाग में था, विभाग के लोगों ने दौड़-धूप कर, पति के स्थान पर उसे उसकी योग्यतानुसार कनिष्ठ लिपिक के पद पर गर्ल्स कॉलेज में नियुक्त करवा दिया। उसे काम तो क्या, दफ़्तर में ठीक से बैठना भी न आता था। नज़रें झुकाये, वह अपनी मेज़ के सामने मूर्ति की तरह बैठी रहती। नन्दिता ने उसे छात्राओं के विभिन्न विषयों के रजिस्टर अद्यतन बनाने का काम सौंप रखा था। वह भी अधूरा पड़ा था। ज़्यादा पूछताछ करने पर उसकी आँखें छलछला आतीं और वह सुबकते हुए कहती, ''दीदी, हमसे नहीं होता, आप हमें निकाल दीजिये।''

नन्दिता जानती थी कि कर्मचारी को रखना तो फिर भी आसान था, निकाल पाना लगभग नामुमकिन था। वह समझाती, ''देखो, सारे प्रवेश पत्र अपनी मेज़ पर रख लो। इन्हीं के अनुसार नाम रजिस्टर में दर्ज होंगे। पहले

एक विषय ले लो। उससे सम्बन्धित समस्त छात्राओं के नाम छाँटो। बस, उन्हें उतारती जाओ।''

फ़ीस बाबू फ़ीस की गणना में होशियार था लेकिन फ़ीस से इतर कोई भी काम वह स्वीकार न करता। जब से कई कॉलेजों के कैश-बॉक्स लुटने की ख़बरें अख़बारों में छपीं, वह एहतियातन समस्त कॉलेज-फ़ीस अपनी पैण्ट की दोनों जेबों में रखता और खुले-आम कहता, ''जिसे लूटना है पहले हमारी पैण्ट उतरवाये, ऐसे तो पैसे मिलेंगे नहीं।''

एक दो बार, अनुसूचित जाति व जनजाति छात्राओं की छात्रवृत्ति में विलम्ब के कारण का पता लगाने नन्दिता को स्वयं विकास भवन जाना पड़ा जहाँ इन सब महकमों का दफ़्तर था।

विकास भवन चार मंज़िला बड़ी-सी इमारत थी जिसमें कोई लिफ़्ट नहीं थी। वहाँ का इन्तज़ाम कुछ ऐसा था कि अनुजा, अनुजजा और विकलांग छात्रवृत्ति के कार्यालय चौथी मंज़िल पर थे। एक बड़े-से हॉल में जो बाबू विधवा सहायता पेंशन का काम देखता उसे संक्षेप में विधवाबाबू कहते थे और जो विकलांगों को छात्रवृत्ति स्वीकृत करवाता, उसे विकलांग बाबू। ताज्जुब यह कि इस नामकरण से बाबुओं को भी कोई आपत्ति नहीं थी। वज़ीफ़ा बाबू ने कहा, ''हम क्या करें, सरकार से अभी धनराशि मिली ही नहीं है। आप क्यों परेशान होती हैं? छात्रों के लिये यह मुफ़्त का माल है, जब मिल जाय तब ठीक।''

''छात्रों को परेशानी होती है।''

''कोई परेशानी नहीं होती जी। सब के सब सरकारी दामाद बने हुए हैं। हमारे बच्चे सत्तर प्रतिशत नम्बर लाकर भी दाखिला नहीं पाते, ये लोग तैंतीस-प्रतिशत नम्बर लाकर जहाँ मर्ज़ी घुस जाते हैं।''

दरअसल नन्दिता से लड़कियाँ अपना दुख-दर्द बताती रहतीं। उनके परिवारों में छात्रवृत्ति के रुपयों का इन्तज़ार इस तरह होता कि लड़कियों की न सिर्फ़ किताब-कॉपी बल्कि कपड़े-लत्ते भी इसी में से बनवाये जाते।

सबसे ज़रूरतमन्द बिटोला थी।

नन्दिता ने बिटोला को कॉलेज आउट हाउस का एक जर्जर कमरा दे रखा था।

बिटोला का पिता भूमिहीन किसान था जिसे दूसरों के खेतों पर मज़दूरी कर अपना पेट पालना पड़ता। बिटोला शुरू से पढ़ने में तेज़ थी। गाँव के इन्टरमीडिएट कॉलेज से उसने द्वितीय श्रेणी में हायर सेकेंडरी परीक्षा उत्तीर्ण की थी। संस्कृत में उसके सत्तर प्रतिशत प्राप्तांक थे। रानी लक्ष्मीबाई डिग्री कॉलेज में दाख़िले के समय उसने कहा, उसके तीन विषयों में संस्कृत, हिन्दी और अंग्रेज़ी मिल जायं तो अच्छा हो। नियमानुसार तीन साहित्य एक साथ नहीं पढ़े जा सकते थे। वैसे भी उसका अंग्रेज़ी ज्ञान बहुत सीमित था। वह अपने नाम के हिज्जे भी ठीक से अंग्रेज़ी में नहीं लिख सकती थी। अंग्रेज़ी की जगह उसे शिक्षाशास्त्र दिया गया।

संस्कृत की प्राध्यापक मानिक वर्मा ने असहमति प्रकट की, ''दीदी हर ऐरे-ग़ैरे को संस्कृत दिलवा देती हैं, इस मूर्खा को संस्कृत सिखायेगा कौन?''

नन्दिता ने बिटोला का अंकपत्र मानिक के सामने रख दिया, ''देख लीजिये, सत्तर प्रतिशत लायी है संस्कृत में। फिर अनुजा है, इसे प्रवेश तो देना ही पड़ेगा। अभी कोटा भी कहाँ पूरा हुआ है।''

''वही तो कह रहे हैं। आपको कोटा पूरा करना है, आप गृहविज्ञान विषय दिलवा कर पूरा कीजिये। देववाणी को तो अनुजाओं से दूर रखिये।''

''आप तो संविधान के सिद्धान्तों की भी धज्जियाँ उड़ा रही हैं मानिकजी।'' नन्दिता ने अड़कर बिटोला को संस्कृत विषय दिया। रोज़ गाँव से उसके लिये आना सम्भव नहीं था। उसने कॉलेज परिसर की एक अधबनी कोठरी उसे दे दी। कोठरी में न खिड़की थी, न दरवाज़ा। उसमें लड़की का रहना ख़तरे से ख़ाली न था।

बिटोला के पिता ने कहा, ''हम मरम्मत कर लेव। एकरी आजी एके साथ रही।''

सबने नन्दिता को डर दिलाया कि जवान लड़की की ज़िम्मेदारी लेना हर तरह से जोखिम का काम है। ऊँच-नीच कुछ हो गया तो कॉलेज बदनाम होगा।

नन्दिता टस से मस न हुई। उसने कहा, ''हम समाज सुधार की कोरी बातें करते हैं, जब कोई चुनौती आती है तो पीछे हट जाते हैं।''

बिटोला खुद भी हिम्मती थी। उसने कहा, ''दीदी, हम रात में आजी से चिपट कर सो जायंगे। किसी की हिम्मत नहीं कि मुझे छू भी ले।''

बिटोला को अनुसूचित जाति छात्रवृत्ति मिलने लगी। कभी-कभी उनका पिता मलाक हरहर गाँव से मिलने आता। उसके साईकिल कैरियर में दो लौकी या एक कद्‌दू फँसा रहता। चपरासियों ने बताया, कई दिन बिटोला और उसकी आजी के पास खाने को कुछ भी नहीं होता। वे कॉलेज परिसर में लगे सहजन और इमली के पेड़ों से पत्ते तोड़ कर उबालतीं और वही खाकर सो रहतीं।

बिटोला ने सफलतापूर्वक बी.ए. उत्तीर्ण कर लिया। कई वर्ष बाद कमला नेहरू अस्पताल में एक दिन वह दिखी। उसने नर्सिंग का प्रशिक्षण प्राप्त कर लिया था और अब वहाँ पर नर्स बन गयी थी।

कॉलेज में प्राध्यापकों और बाबुओं के लिये ये साधारण रूटीन की बातें थीं कि कितनी लड़कियाँ नौकरी पर लगीं और कितनी उच्च शिक्षा के लिये युनिवर्सिटी गयीं। अंक तालिका बाँटने के बाद वे उस वर्ष के सभी रजिस्टर आलमारी के निचले खाने में पटक देते।

चाय के समय छोटे-बड़े का भेदभाव मिटाकर बाबू वर्ग एक हो जाता। छोटे-मोटे उत्सव वे अपने-आप मना लेते—पत्नी का पहला प्रसव, बच्चे की पहली सालगिरह, मकान का गृहप्रवेश।

चतुर्थ श्रेणी कर्मचारियों से इनका अच्छा सम्बन्ध था। सभी में अपने काम की सीमा और अधिकारों की जागरूकता बराबर की थी। नन्दिता जैसे ही कोई काम बताती, वे अपनी इतनी व्यस्तताएँ बताते कि काम कई दिन के लिये पिछड़ जाता। पहले जब कॉलेज में फ्रिज नहीं था, पानी पिलाना ऐसा काम था जो कोई नहीं करना चाहता था। अब फ्रिज से पानी की बोतल निकाल कर टीचर की मेज़ पर रखने में किसी को ख़ास एतराज़ नहीं था।

शिक्षिकाओं ने नन्दिता की शॉल सम्बन्धी शिकायत को एकदम नजऱअन्दाज़ कर दिया। शिखा ने कहा, ''नहीं लेती तो पटक दीजिये एन.सी.सी. रूम में। हम क्या करें।''

पायल बोली, ''दीदी, इसमें तो हम सबने पैसे लगाये हैं, हम अपनी मेड सर्वेंट को दे देंगे।''

मानिक तुनक कर बोली, "हमारी मेड सर्वेंट को क्यों नहीं दें, हमारे भी तो पैसे लगे हैं।"

समता हँसी, "दीदी, जितने लोगों का हिस्सा है उतने टुकड़े कर शॉल के रूमाल बना लीजिये।"

"आप हमेशा उलटी बात करती हैं" मानिक ने चिढ़कर कहा। तिवारी मैडम की त्योरी चढ़ गई, "दीदी, इस ननकी दाई को चार हज़ार तनख़्वाह मिलती है। अकेली जान है। आदमी को तो लात मार कर भगा दिया इसने। क्या यह अपने लिये एक शॉल नहीं ख़रीद सकती? आप तो फ़िज़ूल भावुक होती रहती हैं।"

सबने सहमति प्रकट की, "सही बात है अगर ननकी को दें तो बाकी दाइयों को भी शॉल देना चाहिये नहीं तो यह पक्षपात माना जायगा।"

अन्ततः संयुक्त विमर्श पर वह शॉल टी. वी. वाली मेज़ पर मेज़पोश की तरह बिछा दिया गया।

नन्दिता ने अपना एक पुराना शॉल ननकी को दे दिया। शकुन और लमकी दाई ने मुँह मसकोड़ा लेकिन थोड़े दिनों में सब सामान्य हो गया।

राष्ट्रीय सेवा योजना के कार्यक्रमों में लड़कियाँ बढ़-चढ़ कर हिस्सा लेतीं। सेवा के 120 घण्टे पूर्ण कर लेने पर प्रमाण पत्र तो उन्हें मिलता ही, साथ ही कैम्पों में पिकनिक जैसा आनन्द आ जाता। माघ के महीने में संगम तट पर माघ मेला जुड़ जाता। उसी समय अधिकांश कॉलेज अपना रा.से. यो. शिविर वहाँ लगा लेते। रानी लक्ष्मीबाई गर्ल्स डिग्री कॉलेज भी वहाँ तम्बू खड़ा कर अपनी उपस्थिति दर्ज करता।

माघ मेले में शिविर लगाने का सबसे बड़ा फ़ायदा यह था कि समाज-सुधार कार्य करने के लिये यहाँ इतनी अपार जनता अपने आप उपलब्ध हो जाती। छात्राएँ सुबह-शाम उन्हें घेर कर कभी अक्षरज्ञान करातीं, कभी स्वास्थ्य सम्बन्धी बातें समझातीं। यहाँ तक तो सब ठीक-ठाक चलता। एक अड़चन यह थी कि ग्रामीण स्त्रियाँ परिवार नियोजन सम्बन्धी बातों से भड़क जातीं। वे छात्राओं को बुरा-भला कहने लगतीं, "इहाँ हम धरम-करम करने आइत हैं। गंगा मैया के आगे गन्दी बात मुँह से निकालो न। धरे रहो अपना

छल्ला (कॉपर-टी) और झिल्ली (कण्डोम)। ब्याहीं न जनीं, चली हैं हमें सिखाय।''

स्त्रियों के साथ बच्चे भी माघ मेले में आ जाते। उन्हीं को बिठा कर अक्षर ज्ञान करवाना सबसे सुरक्षित कार्य समझा जाता।

जहाँ लड़कियों को ये शिविर, ठण्ड के बावजूद पसन्द थे, वहीं शिक्षिकाओं को ये जी का जंजाल लगते। राष्ट्रीय सेवा योजना में प्रशिक्षित शिक्षिकाएँ भी इस दस-दिवसीय ड्यूटी से घबरा जातीं। एक बार आकस्मिक निरीक्षण करने पर नन्दिता ने पाया, रात आठ बजे उसके कॉलेज के शिविर में लड़कियाँ और दो दाइयाँ मौजूद हैं लेकिन शालिनी तिवारी और करुणा सक्सेना शिक्षिकाएँ ग़ैर मौजूद हैं। ग़ज़ब की ठण्ड में सब लोग दो तसलों में कण्डों की आग में हाथ ताप रही थीं। शकुन और ननकी ने पूरी-सब्जी बना कर रख ली और लड़कियों से कहा कि अभी खालो, बाद में ठण्डी पूरियाँ खायी नहीं जायंगी। लड़कियाँ शकुन को चाय बनाने के लिए उकसा रही थीं।

नन्दिता ने निर्जला से पूछा, ''मैडम लोग कहाँ हैं?''

निर्जला ने कामिनी, नीता, रेणु वग़ैरह अपनी सहेलियों की तरफ़ देखकर कहा, ''मैडम, दीदी की तबियत ठीक नहीं थी।''

उसकी बात का सिरा पकड़ कर कामिनी ने कहा, ''उन्हें पेचिश हो रही है, घर गयी हैं शायद!''

नन्दिता ने कहा, ''और करुणा मैडम को भी पेचिश हो गयी है?''

लड़कियाँ हँसी। उन्होंने कहा, ''हमें नहीं पता मैडम कहाँ हैं?''

ननकी ने बाहर निकल कर बताया कि तिवारी और सक्सेना दीदी लोग शाम पाँच बजे घर चली जाती हैं। उनके घर वाले नाराज़ होते हैं रात बाहर रहने से।

नन्दिता को क्रोध आया लेकिन उसके पास कोई रास्ता नहीं था। ये ही अध्यापिकाएँ रा.से.यो का भत्ता वसूलने में सबसे सक्रिय रहतीं।

जनवरी बीतते न बीतते गुजरात में आये भूकम्प की ख़बरों से अख़बार भर गये। त्रासदी की ऐसी तस्वीरें दूरदर्शन पर दिखायी जातीं कि कलेजा मुँह को आ जाता। दिवाकर ने व्यथा से भर कर पत्नी से कहा, ''तुम लोग

राष्ट्रीय सेवा के नाम पर विकलांग केन्द्र में केला-अमरूद बाँट कर मियाँ मिट्ठू बनते हो, गुजरात को ज़रूरत है राष्ट्रीय सेवा की। अब तुम अपनी सभी इकाइयों को सक्रिय करो।''

सभी कॉलेजों ने मिल-जुल कर तय किया कि वे गुजरात के राहत कार्य में अनाज और कपड़े एकत्र करें। कॉलेजों की रा.से.यो. इकाइयों में जोश पैदा हो गया। एक ठोस कार्यक्रम हाथ आ गया।

रानी लक्ष्मीबाई डिग्री कॉलेज की छात्राओं ने खुले हाथ अनाज और वस्त्र दान किये। शिक्षकों ने तय किया था कि प्रति छात्रा एक किलो आटा या चावल इकट्ठा किया जाय लेकिन जोश में लड़कियाँ पाँच किलो आटे का थैला या दो किलो चावल का पैकेट लायीं। बहुत-सी छात्राएँ ग्रामीण क्षेत्रों की थीं। उन्होनें चादर में बाँध कर गेहूँ और दालों की पोटलियों के ढेर लगा दिये। एक आदर्श के तहत हर लड़की दूसरी लड़की से ज़्यादा करना चाहती थी। इसी तरह कॉलेज में सलवार, सूट और दुपट्टों के अम्बार लग गये। मर्दाना कपड़े कम आये।

करुणा ने कहा, ''लड़कों के कॉलेजों से मर्दाना कपड़े चले ही जायंगे।''

समस्या थी कॉलेज में इतना अनाज और वस्त्र सँभाल कर रखने की। पहले गृहविज्ञान प्रयोगशाला में ढेर लगाया गया। जल्द ही प्रयोगशाला पूरी भर गयी। तब एक कक्षा में ढेर लगाना शुरू किया। क़ब्रिस्तान के चूहों और छछूंदरों को न जाने कैसे सूँघ आ गयी और उन्होंने कमरों में दौड़ लगानी शुरू कर दी। कई कपड़े और अनाज के थैले कुतरे गये। नन्दिता ने सुझाव दिया कि चूहा मार दवा जगह-जगह रख दी जाय।

बिरजू और शकुन ने कानों को हाथ लगा कर तौबा की, ''नाहीं गुरुजी, गणेशजी की सवारी को सताना अच्छा नहीं, गणेशजी जाने कौन दशा करें।''

बड़ी बहनजी की युक्ति अगर एक फन्दा थी तो वे उस फन्दे में से निकलना बख़ूबी जानते थे। इसी पद्धति से उन्होंने कॉलेज की दीवारों में पीपल उग जाने दिये थे कि भैरव बाबा के निवास पर हाथ नहीं डालना चाहिये। नन्दिता के ज़्यादा ज़ोर देने पर रामदीन ने एक आँख दबाकर कहा था, ''कौनो मुसलमान पठा लें, हम हिन्दुअन तो पीपल पूजित हैं जी।''

जब चतुर्थ श्रेणी कर्मचारीगण आपस में मिल बैठते तो यही कहते, बड़ी बहनजी जाने कौन कुल-गोत्र की हैं, हर चीज़ उखाड़ना-पछाड़ना, तोड़ना

चाहती हैं तभी तो इनके न बाल-बच्चा न बहू-पतोहू। बिरजू शातिर था। वह कहता, "नहीं जी, ये बड़ी गुरुजी हमका चैन से बैठे देख नाहीं सकत। ये मनई को निबुआ समझ कर निचोरित हैं।"

स्टाफ़ के सदस्यों ने तय किया कि सारा एकत्र किया अनाज और वस्त्र जिलाधिकारी कार्यालय में जमा कर दिया जाय। उनकी ज़िम्मेदारी है कि राहत सामग्री जल्द से जल्द गुजरात पहुँचे।

रा.से.यो. की छात्राएँ इतनी उमंग से भरी हुई थीं कि वे अभी और राहत सामग्री इकट्ठा करना चाहती थीं। करुणा और शालिनी ने जिलाधिकारी कार्यालय को फ़ोन कर पूछा कि वे राहत सामग्री ले कर कब और कहाँ आएँ।

जिलाधिकारी कार्यालय के बाबू ने जवाब दिया, "ग्यारह ट्रक राहत भिजवायी जा चुकी है गुजरात, आपने देर कर दी। कितने कुन्तल सामान है?"

मोटे अन्दाज़ से बताया गया—बीस कुन्तल।

"बस, इतना तो प्राइमरी स्कूलों ने दे दिया। ऐसा करें आप, ट्रक के नामे तीन हज़ार रुपया भी लेती आयें। तभी सामान मन्जूर किया जाएगा।"

नन्दिता और शिक्षकों के चेहरे लटक गये। इतनी बड़ी रकम किस खाते से और क्यों निकाली जाय। नन्दिता ने तिलमिला कर कहा, "मैं जा कर डी.एम. से मिलती हूँ। यह क्या धाँधली है कि एक तो सामान इकट्ठा करो, दूसरे, ट्रक का भाड़ा भी जुटाओ।"

बड़े बाबू रोज़ जिलाधिकारी कार्यालय फ़ोन करते रहे। डी.एम. हमेशा किसी मीटिंग में व्यस्त बताया गया। तंग आ कर एक दिन नन्दिता बिना फ़ोन किये जिलाधिकारी कार्यालय पहुँची तो ख़बर मिली कि साहब राहत कार्यों का सर्वेक्षण करने अहमदाबाद गये हैं।

इस संकट में विकलांग केन्द्र ही काम आया। स्टाफ़ ने फ़ैसला किया कि समस्त राहत सामग्री केन्द्र को दे दी जाय। विकलांग केन्द्र ने यह भेंट सहर्ष स्वीकार कर अपनी एक छपी हुई रसीद भी प्रदान की।

9

मार्च के महीने में कई किस्म के क़हर एक साथ बरपा होते। एक तरफ़ यह पाठ्यक्रम पूरा करने का महीना था तो दूसरी तरफ़ परीक्षाएँ आयोजित करने का। वित्त वर्ष का समापन और समायोजन भी इसी माह में होता। नतीजा यह था कि नन्दिता के कार्यालय के बाहर आम के पेड़ों पर कोयल कूकती रहती, सड़कों पर फागुन के रंग बरसते रहते, पर वह धूसर रंग की साड़ी पहने, मनहूस मुँह बनाये, फाइलों पर झुकी रहती। वसन्त और वित्त वर्ष की टक्कर में हर साल वसन्त परास्त होता।

जाने क्यों एलियट ने कहा, 'एप्रिल इज़ द क्रुअलेस्ट मंथ' (अप्रेल क्रूरतम महीना है) नन्दिता को मार्च क्रूरतम लगता है। पढ़ाई के अन्तिम दिन एटलांटा की दौड़ साबित होते हैं। वह लगातार अपनी स्टाफ टीम का हौसला बुलन्द करती है, "बस कुछ दिन की मेहनत और, फिर आराम से गर्मी की छुट्टियाँ मनाना।" इसी माह छात्राओं का विदाई समारोह भी होता है। प्रथम और द्वितीय वर्ष की लड़कियाँ तृतीय वर्ष की छात्राओं को पेन, रूमाल और प्लास्टिक के फूल भेंट करती हैं। हर साल की तरह नन्दिता अन्त में मंच से अपना व्याख्यान देती है जिसमें चिन्ता, चेतावनी और आशीर्वाद—तीनों शामिल रहते हैं। वह कहती है, "प्यारे बच्चो, तुमने तीन साल इस संस्था में शिक्षा ग्रहण की है। अब तुम जीवन के विश्वविद्यालय में प्रवेश कर रही हो। ऐसा कोई कार्य न करना जिससे इस संस्था को लज्जित होना पड़े। बी.ए. की परीक्षा के साथ-साथ जीवन की परीक्षा में भी उत्तीर्ण होना है तुम्हें। आज से प्रतिपल तुम्हें सजग, सचेत और सक्रिय रहना है।" तड़-तड़ तालियाँ बजती हैं, फ़ोटो खिंचते हैं, आँखें और रूमाल गीले होते हैं। लड़कियाँ विदा गीत गाती हैं, ऑटोग्रॉफ लेती हैं और अपने इन्द्रधनुषी दुपट्टों से आँसू

पोंछती हैं। कुछ देर वे शान्त, क्लान्त रहती हैं। प्रथम और द्वितीय वर्ष की छात्राएँ आगे की कमान सँभालती हैं जिसके अन्तर्गत खान-पान का कार्यक्रम है। पास के बंगाली टोले में मिठाई की बढ़िया दुकानें हैं। शेष शहर भी यहीं आ कर मिष्ठान्न खरीदना पसन्द करता है। छात्राओं ने आज जी खोल कर खर्च किया है। सबसे पहले गुरुओं की प्लेट लगती हैं—समोसा, खस्ता, दालमोठ और दो मेल की मिठाई रसगुल्ला और काजू कतली। उनके साथ ही तृतीय वर्ष की छात्राओं को नाश्ता परोसा जाता है। कुछ लड़कियाँ प्लास्टिक के ग्लास में ठंडा पेय प्रस्तुत करती हैं। मन बहल जाते हैं, आँसू सूखने लगते हैं।

जब से बड़ी बहनजी को मधुमेह, गठिया और अलर्जी जैसी क्रॉनिक बीमारियाँ हो गईं है, खान-पान को ले कर वे कुछ सावधान हो गयी हैं। तनावग्रस्त होने पर वे परहेज़ प्रबल कर देतीं और किसी लापरवाह समय में लगाम एकदम छोड़ देतीं। जैसे ही उन्हें जलपान की प्लेट पकड़ायी जाती, वे एक नज़र प्लेट को देखतीं और कहतीं।

''अरे भई, आप को पता है मैं मीठा नहीं खाती।''

''दीदी, आज खा लीजिये प्लीज़। कभी-कभी खाने में कोई हर्ज़ नहीं होता।''

पास बैठी करुणा कहती, ''हमारे जीजाजी को भी शुगर की बीमारी है। पर वे तो जेब में कैण्डी रखते हैं। कभी चक्कर आने लगता है तो सबसे पहले कैण्डी मुँह में रखते हैं।''

''बिल्कुल चीनी छोड़ना भी ठीक नहीं है दीदी'' समता सिंह समझाती है।

बड़ी बहनजी इन तर्कों से प्रसन्न होती हैं। उनकी परहेज़ की प्राचीरें स्वयं काफ़ी कच्ची हैं फिर उन्हें घोष स्वीट्स का रसगुल्ला पसन्द भी बहुत है। वे जी कड़ा कर एक रसगुल्ला प्लेट से निकाल कर डोंगे में डाल देती हैं। अब अपनी प्लेट का इकलौता रसगुल्ला वे कसकर नींबू की तरह निचोड़ देती हैं, फिर मुँह में रख लेती हैं। वे मन में मलाल करती हैं, 'कैसे दिन आ गये हैं? कड़वे से कड़वा करेला तो गप से खा लेना पड़ता है और रसगुल्ले का सारा रस निचोड़ कर बहाना पड़ता है।' इसके बाद वे प्रायश्चित स्वरूप एकदम फ़ीकी चाय पीने की इच्छा ज़ाहिर करती हैं।

लड़कियाँ प्रेम में डूबे विरह गीत गाती हैं—'ओ जाने वाले, हो सके तो लौट के आना—कभी अलविदा ना कहना—बाबुल की दुआएँ लेती जा, जा तुझको सुखी संसार मिले।'

फाइनल यर की लड़कियाँ विह्वल हो जाती हैं। उन्हीं में से कोई लड़की उठकर सिसकियों के साथ गाती हैं—

'चल री सजनी अब क्या सोचे, कजरा न बह जाय रोते-रोते।'

'अब के बरस भेज भइया को बाबुल सावन में लीजो बुलाय।'

'सजन रे झूठ मत बोलो ख़ुदा के पास जाना है।'

अभी नन्दिता वापस अपने ऑफिस में आ कर बैठी ही है कि शशि पाण्डेय, सुन्दर-सा कार्ड उसके सामने लाकर रख देती है।

'यह क्या है?'

शशि पाण्डेय शरमाते हुए कार्ड उनके हाथ में पकड़ाती है, "पापा ने दिया है, आपको ज़रूर आना है।"

बड़ी बहनजी का दिल डूब जाता है।

बाईस मार्च को शशि की शादी है। चौबीस मार्च से उसके इम्तिहान हैं। शशि अच्छी छात्रा रही है। पिछले दो वर्षों से उसके प्रथम श्रेणी अंक रहे हैं।

कॉलेज में सबने सोचा था शशि बी.ए. में फर्स्ट क्लास लायेगी, पर लगन बाईस मार्च की निकली है।

परीक्षा का क्या है? इस साल नहीं तो अगले साल दे लेगी। रिश्ता एक बार हाथ से गया तो न जाने कब महूरत बने।

बाकी लड़कियाँ शशि को ईर्ष्या से देख रही हैं। यह तो सारे झमेले से बच गयी। हमीं रह गयी हैं शिक्षा दर्शन रटने के लिये।

दीक्षा पन्त कहती है, "क्या फ़ायदा पढ़ने-लिखने का? पढ़-लिख कर भी वही करना है।"

"क्या करना है?" गुन्जन गुप्ता शरारत से पूछती है।

"तेरा सिर। वह नहीं जो तू सोच रही है। रोटी बनानी है रोटी। अभी माँ-बाप, बहन-भाई को खिलाते हैं, बाद में सारी ससुराल को खिलाना है। अच्छी रोटी हमेशा गोल ही बनानी होती है। इसके लिये बी.ए. एम. ए. की क्या ज़रूरत है?"

"तू पॉलिटिकल साइन्स छोड़कर होम साइन्स ले ले। एक्सपर्ट हो जायगी।"

"ना बाबा। घर पर सब कहते हैं, होम साइन्स खर्चीला विषय है।"

"तो पढ़ पॉलिटिक्स और कर पॉलिटिक्स।" गुन्जन कहती है।

लड़कियों से लाख कहा जाय, वे अपना परीक्षा प्रवेश-पत्र लेने आख़िरी दिन ही आती हैं। नन्दिता का निर्देश है कि लड़की के हस्ताक्षर ले कर ही प्रवेश-पत्र निर्गत किया जाय पर छोटे बाबू सिर्फ़ सही का निशान लगाकर प्रवेश-पत्र पकड़ा देते हैं। जिन छात्राओं का प्रवेश-पत्र नहीं आया है उनसे दो रुपये शुल्क ले कर उन्हें प्रवेश-पत्र देना है। छोटे बाबू की मनमानी चलती है। उसे रसीद काटने का धैर्य नहीं। वह एक काग़ज़ पर नाम लिख कर पैसे वसूल कर लेता है और प्रवेश-पत्र की द्वितीय प्रति बना देता है। बड़ी बहनजी के पास यह पता लगाने का कोई साधन नहीं है कि छोटे बाबू लड़कियों से दो की जगह पाँच तो वसूल नहीं कर रहे। जब वे पूछती हैं, छोटे बाबू खीझ कर कहते हैं, "आजकल वह ज़माना है कि किसी की अठन्नी भी बाक़ी रह जाय तो वह आठ चक्कर लगा लेगा, पर छोड़ेगा नहीं।"

यहाँ लड़कियाँ सहिष्णु हैं पर बगल में पी.एम.पी. कॉलेज में हर साल प्रवेश पत्र के मसले पर प्राचार्य का पुतला फूँका जाता है। छात्र कॉलेज को आग लगाने की धमकी देते हैं। जब तक प्रवेश-पत्र की समस्या का समाधान होता है तब तक प्रश्न-पत्रों का पचड़ा पैदा हो जाता है। ऐसा कोई भी वर्ष नहीं होता जब छात्र कहें कि पर्चे के सवाल पाठ्यक्रम से बाहर के नहीं हैं। छांत्राएँ इतिहास के एक-एक कर तीनों प्रश्न-पत्र ले कर देखती हैं, उन्हें तीनों ही पाठ्यक्रम से बाहर के लगते हैं। पहले वे पानी की फरमाइश करती हैं, फिर वे कभी कुर्सी तो कभी कॉपी आड़ी-तिरछी रखती हैं। कुछ देर उनकी आँखें परीक्षा हॉल की छत और उसमें लटकते पंखे का सर्वेक्षण करती हैं, फिर वे बड़े सुन्दर अक्षरों में कॉपी पर लिखना शुरू करती हैं, 'ओम नमो शिवायः।' एक दो छात्राएँ ऐसी भी हैं जो पूरी कॉपी 'जय संतोषी माँ' से रंग देती हैं। एक छात्रा ने लिखा, 'गाय हमारी माता है। हमको कुछ नहीं आता है।' परीक्षक ने उसको ज़ीरो देते हुए लिखा 'बैल तुम्हारा बाप है। नम्बर देना पाप है।"

अध्यापकों को दुख होता है कि ये छात्र अपने जीवन का एक स्वर्णिम वर्ष अपने ही हाथों जलाकर राख कर रहे हैं। छात्र लापरवाही से कहते हैं,

''पास भी हो गये तो क्या हो जायगा। रोज़गार दफ्तर में नाम लिखाकर चक्कर लगायेंगे।''

कुछ लड़कियाँ विवाह के बाद परीक्षा देने आयी हैं। उनकी छटा निराली है। प्लास्टिक जरी की भारी साड़ी, चमकीला पर्स, जूड़े के ऊपर मखमल का लपेटन, हाथों में नौ-नौ चूड़ियाँ, बिछिया, पायल, बिन्दी, काजल और माँग में नारंगी सिंदूर। सिंदूर के नारंगी रंग का मतलब ही है कि लड़की अभी नव-विवाहिता है। इन लड़कियों की मदालस आँखें अन्य छात्राओं की आँखों में भी चोरबत्ती जला देती हैं। इनके चमकीले कपड़ों पर से आँख नहीं हटती।

परीक्षा शुरू होने से पहले करुणा सक्सेना और मालवीय बहनजी तलाशी का काम पूरा कर चुकी हैं पर परीक्षा के तीन घण्टों में छात्राओं की मौलिकता पल-पल सामने आती है।

जया मुखर्जी ने पायल में गैस पेपर अटका रखा है। मनीषा यादव ने पेंसिल बॉक्स की तली पर समाजशास्त्र की परिभाषाएँ लिख रखी हैं। साधना जैन गले में मफ़लर बाँध कर परीक्षा देने आयी है। दस मिनट बाद नकल की पर्ची मफ़लर में से निकल आती है। कृष्णाकुमारी ने गुलाबी साड़ी के पल्लू पर समाजशास्त्र के पूरे पाँच सवालों के उत्तर उतारे हुए हैं।

नन्दिता राउण्ड पर निकल कर सबको पकड़ लेती है। कृष्णाकुमारी की साड़ी पकड़ कर वह चिल्लाती हैं, ''ननकी, कैंची लाओ। साड़ी काट कर युनिवर्सिटी भेजेंगे। ये पढ़ने आती हैं कि नकल करने?''

हॉल में मौजूद क़क्ष-निरीक्षक तटस्थ बने रहते हैं। कोई इस विवाद में पड़ना नहीं चाहता। उन्हें बस तीन घण्टे पूरे करने से मतलब है।

कृष्णाकुमारी सकपकायी हुई खड़ी है।

ननकी नीचे गृहविज्ञान प्रयोगशाला से कैंची लाती है तो समस्त दाई, चपरासी, छात्रों और कक्ष-निरीक्षकों की हमदर्दी कृष्णाकुमारी के साथ हो जाती है।

''गुरुजी, ऐसा मत कीजिये। नयी ब्याही लड़की है, बहुत बदनामी होगी। हो सकता है ससुराल वाले विदा ही न करावें।'' रामदीन कहता है।

शकुन कहती हैं, ''अरे कम-से-कम एक हज़ार की साड़ी होगी। गुरुजी बरबाद हो जाई कतर के।''

नन्दिता पर भूत चढ़ा है, "नहीं, साड़ी युनिवर्सिटी जायगी।"

शकुन कहती है, "और इ बिटीवा घर कइसे जइहैं, का लहंगा-जंपर में?"

कक्ष-निरीक्षक कहती है, "दीदी नकल पकड़ना आपका नहीं, उड़नदस्ते का काम है। उन्हें करने दीजिये। आप क्यों पाप मोल लेती हैं सिर पर?"

नन्दिता गरजती है, "कृष्णा, तुम्हारे पति को पता चलेगा तो क्या सोचेंगे तुम्हारे बारे में, बोलो।"

कृष्णाकुमारी घबराती, शर्माती, धीमे स्वर में कहती है, "उन्होंने ही सारी रात जाग कर उतारा है ये।"

"अब बोलो, अवा का अवा ही बरबाद है।" नन्दिता भन्नाती है। प्रेमा बहनजी कहती है, "दीदी, सारी लड़कियाँ डिस्टर्ब हो रही हैं, प्लीज़।"

आखिर में सबकी सलाह से तय होता है कि लड़की का पल्लू मसल कर धो दिया जाय।

अपने ही हाथों अपराध के चिन्ह मिटाने पड़ते हैं नन्दिता को।

तभी पायल बहनजी की कर्कश आवाज़ हॉल को हिला देती है। वे निर्जला प्रजापति की साड़ी उठा कर चिल्ला रही हैं, "क्या है यह सब? देख रही हैं बड़ी दीदी? पूरे पेटिकोट में गैस पेपर की झालर लटका रखी है।"

निर्जला का बदरंग पेटिकोट नुमाइश की चीज़ बन गया है। उस पर सेफ़्टीपिन से इतने गैस पेपर के पृष्ठ लटके हैं कि नकल के लिए काफ़ी अक्ल और अनुमान की ज़रूरत पड़े। निर्जला में दोनों ही नहीं है। लड़की ने अभी कॉपी पर लिखना आरम्भ भी नहीं किया है।

कुछ टीचरें छापामार की तरह घूम-घूम कर नकल के अपराधी पकड़ रही हैं। कमरा नम्बर तीन में दीपमाला दीक्षित इतनी सड़ी गर्मी में सिन्थेटिक सलवार सूट के साथ मोज़े-जूते पहन कर आयी है। मोज़े-जूते पोशाक के साथ बिल्कुल नहीं फब रहे। करुणा बहनजी को शक है कि जूतों में नकल की सामग्री है। उन्होंने पहले दीपमाला की कमर, कन्धे टटोले, फिर डपट कर बोली, "जूते उतारो।"

लड़की ने लिखते-लिखते कहा, "मिस, डिस्टर्ब मत कीजिये। लिखने दीजिये।"

करुणा चीखी, "जूते उतारो, मैंने कहा न।"

दीपमाला ने पैर आगे कर दिये, "आप खुद उतार लीजिये।"

करुणा जूते छुए तो कैसे!

नीचे से शकुन को बुलाया गया।

शकुन ने जूते छूने से इन्कार कर दिया, "कौनो मोची पठा लें। हम इत्ती बख़त नहा कर पूजा करित हैं।"

करुणा ने एक बार फिर लड़की से जूते उतारने को कहा।

लड़की ने हिमाक़त से कहा, "आपको जो उतरवाना है, उतरवा लीजिये पर लिखने दीजिये। अभी दो सवाल करने हैं, सिर्फ़ आधा घण्टा बाक़ी है।"

भुनभुनाते हुए करुणा बहनजी ने स्वयं उसके जूते-मोज़े उतारे। उनमें कुछ नहीं निकला, बदबू के सिवाय।

वैसे तो परीक्षा-काल में शिक्षकों को छुट्टी नहीं दी जाती, कभी ऐसी अनिवार्यता पड़ जाती है कि शिक्षक घर बैठ जाती हैं। बुख़ार, पैर में मोच, बच्चे की बीमारी और सास की मरणासन्नता–ऐसे टकसाली कारण हैं जिन पर नन्दिता का नियन्त्रण काम नहीं करता।

जिस दिन ज़्यादा शिक्षिकाएँ अनुपस्थित हो जायं उस दिन पुरुष निरीक्षक रखने पड़ते हैं। ये निरीक्षक चक्कर तो पूरे तीन घण्टे लगाते हैं पर छात्राओं के प्रति इनमें सहज सहिष्णुता रहती है। नन्दिता के पास शिक्षित बेरोज़गारों, शोध-छात्रों और अवकाश प्राप्त शिक्षकों की एक लम्बी सूची है जिसमें से वह छाँट कर निरीक्षक बुलाती है। पंकज श्रीवास्तव को इस कॉलेज में अक्सर बुलाया जाता है। एक तो वह बड़े बाबू का रिश्तेदार है, दूसरे लड़कियों पर ख़ास मेहरबान भी नहीं रहता। एक दिन वह एक छात्रा लल्ली कुशवाहा से भिड़ गया। लल्ली प्रश्नपत्र के नीचे गैस पेपर रख, उसमें से सीधे उत्तर टीप रही थी। पहले एक बार पंकज ने उसे मना किया। वह और भी दिलेरी से काग़ज़ सामने रख कर नकल करने लगी। अब पंकज ने गैस पेपर का पृष्ठ और लल्ली की कॉपी, दोनों एक झपट्टे में उठा लीं। वह ज़रा आगे बढ़ा कि पीछे से उसकी बाँह खींच लल्ली ने अपनी कॉपी वापस लेने की कोशिश की। छीना-झपटी में लल्ली के हाथ का खुला पैन पंकज की कलाई में चुभ गया। ख़ून फल्ला उठा। कक्ष निरीक्षकों में शोर फैला 'मार दिया, मार दिया रे।' ख़बर लगते ही काली माई की तरह बड़ी

बहनजी प्रकट हुई। लड़की की रिपोर्ट लिखी गयी। उसे दूसरी कॉपी दी गयी। लल्ली शोर मचाती रही, ''मेरा टाइम खराब कर रही हैं आप। मैं आयोग तक जाऊँगी। मैं कॉलेज में ताला डलवा दूँगी।''

बड़ी बहनजी भी एक घाघ हैं। जानती हैं कि यह पिछड़ी जाति की छात्रा है। इस पर कोई भी कार्यवाही सीधे उत्पीड़न का केस बनायेगी। वे दूसरी कॉपी देती हैं, पंकज से हस्ताक्षर करवाती हैं। बस, उस पर द्वितीय कॉपी नहीं लिखतीं। अपने लिये वे एक छिद्र खुला रखती हैं।

परीक्षा खत्म होने के बाद बाकी काम बहुत जल्द निपटता है। बंडल बनने के बाद सील बन्द किया गया, आलमारी में रखा, अगले दिन की कॉपियों की गड्डियाँ बनवायीं। खिड़कियाँ, बिजलियाँ और पंखे बन्द किये गये, ताले जड़े गये। खींच-खींच कर उनका पक्कापन जाँचा गया और सब फ़ुर्र हो गये। नन्दिता भी चल दी घर की ओर।

लो, अभी घर पर ठीक से चाय भी ख़त्म नहीं की थी नन्दिता ने कि दरवाज़े की घण्टी किरकिरा उठी।

चिढ़ गयी नन्दिता।

घर लौट कर उसे आगंतुक, अतिथि–सब नागवार लगते हैं। देखा, दरवाज़े पर पंकज श्रीवास्तव और उसके साथ एक चिन्तित वृद्ध। उसका पिता।

''क्या बात हुई?''

''जी, वह नकल का केस जो आज पकड़ा गया, बड़ा झगड़ा मचाया उसने। आप तो चली गयीं, हम वहाँ फँस गये।''

''तुम वहाँ क्या कर रहे थे?''

''जी चाचा ने कहा, रुको, पान खा लें तो चलें। बस, पान की दुकान पर खड़े थे कि उस लड़की के भाई आ कर गलियाने लगे, हमें धक्का दिये। बस, नाली में गिरते-गिरते बचे।''

''फिर भी ग़नीमत समझो।'' नन्दिता ने कहा।

वृद्ध बोला, ''क्या ख़ाक ग़नीमत! इसकी कमीज़ देखिये। तीन बटन टूट गए, ऐसा खींचा उन्होंने। ऊपर से कलाई पर कलम की चोट है। कहते थे, हम सराय आकिल के हैं। तीन रोज में तुझे मरवा देंगे।''

मालती तब तक ट्रे में पानी और मिठाई ले आयी। बड़ी गुरुजी ठण्डी, ठस्स और ठोस बनी बैठी रहीं। अभी दो पालियों की परीक्षा निपटा कर आयीं थीं। सब कुछ सकुशल सम्पन्न हुआ। अब इस भाड़े के निरीक्षक का क्या किया जाय। क़ायदे से उसके साथ उनकी सीमित प्रतिबद्धता है

'देखो, हमें तो रोज़ धमकी मिलती है।' नन्दिता ने कहा।

बूढ़े ने असन्तोष ज़ाहिर किया, "आपकी बात और है। आपको तो इसी बात की तनख़्वाह मिलती है। वे लोग तो घर से इसकी बहनों को उठा ले जाने की धमकी दे रहे थे, एकदम गुण्डे थे।"

"आप पुलिस बुला लेते!" नन्दिता ने कहा।

अब बूढ़ा तिनतिना गया, "कानून छाँटे जा रही हैं आप? किस होश में हैं? आजकल मर्डर भी हो जाय तो पुलिस आती है जो बुला लेते! पुलिस मेरी जेब में धरी है? बच्चे को कैसी मुश्किल में डाल दिया है आपने? सिर्फ़ बीस रुपल्ली के लिये कौन अपनी जान जोखिम में डालेगा।"

पंकज श्रीवास्तव ने इशारे से पिता को चुप किया और बोला, "वे आपके घर भी आनेवाले हैं। आप ऐसा कीजिये, झगड़ा बढ़ाने से कोई फायदा नहीं। मैं यह लिखित सफ़ाई लाया हूँ। इसमें मैंने लड़की पर से नकल का आरोप हटाते हुए सारी ग़लती अपने ऊपर ली है। आप इसे रख लें। उन्हें पढ़वा दें।"

वृद्ध ने कहा, "बहनजी, इसका नाम अपनी लिस्ट में से काट दें, हमें नहीं करवाना यह काम।"

उनके जाने के बाद नन्दिता बेफ़िक्र हो गयी। आने दो सराय आकिल वालों को। वह छिद्र जो उसने छोड़ा था, अब काम आयेगा। अभी उसने केस की रपट युनिवर्सिटी भेजी ही नहीं है। नन्दिता ने टी.वी. के गानों में कॉलेज की मनहूसियत डुबो दी।

परीक्षा-काल में सच और झूठ का परीक्षण सबसे मुश्किल काम है। रोशनी रिज़वी ने सवेरे सात बजने में पाँच मिनट पर आ कर बताया, 'मैडम, कल रात...' और वह बिलख-बिलख कर रो पड़ी।

सब शिक्षक आशंका से भर गये। हो गया लगता है बलात्कार! तभी उसने दाहिने हाथ का अँगूठा दिखाया। उस पर मोटी-सी पट्टी बँधी थी,

'मैडम, हम रात को पेंसिल छील रहे थे। पेंसिल हाथ से गिर गयी और चाकू अँगूठे में घुस गया। दो इंच गहरा घाव है।'

आज उर्दू का दूसरा पर्चा होना है। क्या करे रोशनी! इधर नन्दिता ने भावुक होना छोड़ दिया है। बड़े यान्त्रिक तरीके से कहा, "पट्टी से कलम टिका कर लिखो और क्या किया जाय।"

"नहीं मैडम, बहुत चस-चस हो रही है। आप हमें 'राइटर' दे दें। हम जवाब बोल देंगे।"

"अब इस समय मैं उर्दू का राइटर कहाँ से लाऊँ?" नन्दिता ने कहा और सब निरीक्षकों को परीक्षा-कक्ष में जाने का इशारा किया।

रोशनी ने कहा, "जी राइटर हम अपने साथ लाये हैं। आपको उसे कोई फ़ीस नहीं देनी है। वह हम देंगे।"

थोड़ी देर में पीली टी-शर्ट में एक ख़ूबसूरत नौजवान आ कर कहता है, "जी, अलग कमरे का इन्तज़ाम करवा दें, बाक़ी बच्चों को डिस्टर्ब न हो।"

नन्दिता के कान खड़े हो जाते हैं। एक तो आज अतिरिक्त कक्ष निरीक्षक पास नहीं है, दूसरे ऐसी अजीबो-ग़रीब माँगें।

"नहीं, छोटी-मोटी चोट पर राइटर नहीं दिया जाता, आप जायं।"
"आप कैसे कह सकती हैं इनकी चोट छोटी है? लीजिये, आपकी डॉक्टर से बात करवा दें।" लड़का फ़ोन की तरफ बढ़ता है। करुणा आज उपअधीक्षक का पद सँभाले हुए थी।

उसने रोशनी से कहा, "पट्टी खोल कर दिखाओ, कैसी चोट है।"

"आप तो यक़ीन ही नहीं करतीं। डॉक्टर ने पट्टी खोलने से मना किया है।"

"हम बाँध देंगे। हमने फ़र्स्ट एड कोर्स किया हुआ है।"

"आप ही खोलिये मैडम," रोशनी हाथ आगे कर देती है। कंट्रोल रूम में कई दर्शक खड़े हो जाते हैं। सबको विश्वास है कि लड़की का झूठ अभी पकड़ा जायगा।

पट्टी के बाद रुई ज़रा-सी हटाने पर करुणा चीख पड़ती है। रोशनी के अँगूठे पर दो इंच से भी लम्बा गहरा घाव है। उसका चेहरा दर्द से सिकुड़ रहा है।

करुणा पट्टी वापस बाँधती है, ''बहुत ख़ून निकला होगा।''

अब लड़का बोलता है, ''जी चिलमची भर गयी। डॉक्टर तक जाना मुश्किल हो गया।''

''तुम्हारा क्या रिश्ता है?''

रोशनी कहती है, ''ये हमारे किरायेदार के साहबज़ादे हैं।'' एक अलग परीक्षा कक्ष खुलवाया जाता है। दो अस्थाई कक्ष निरीक्षक, जो अभी तक निठल्ले और निराश बैठे हुए थे इस परिवर्तन से प्रफुल्ल हो जाते हैं। उन्हें एक मीटिंग का काम मिल जाता है। इस जाँच-पड़ताल में बीस मिनट निकल गये हैं।

छात्रा को बीस मिनट का अतिरिक्त समय देना पड़ेगा। यह धन्धा कुछ ऐसा अन्धा है कि यहाँ अपने पर शर्मिन्दा होने से काम नहीं चलता। करुणा रोशनी और राइटर को ले कर कमरे में व्यवस्था देखने जाती है। नन्दिता कक्ष-निरीक्षकों से कहती है, 'एक लड़की की गाइडिंग करने का मलतब यह नहीं कि आप आराम फरमाएँगे। अपनी नज़र सर्चलाइट की तरह रखें, ढिबरी-लाइट की तरह नहीं। देखें कि राइटर लड़की का बोला हुआ ही लिखे।''

दोनों कक्ष-निरीक्षक सिर हिलाते हैं हालाँकि उनमें से एक को भी उर्दू नहीं आती है।

नन्दिता ड्यूटी बाँटती है, ''राकेश, आप स्टूडेण्ट पर नज़र रखें और सुरेन्द्र आप राइटर पर। नकलची का पेशाब निकल जाय, ऐसी आपकी नज़र होनी चाहिये।'' बड़ी बहनजी इन्सान को सँडसी से दबाना जानती है।

10

सुबह अख़बार खोलते ही नन्दिता चौंक गयी। तीसरे पृष्ठ पर बॉक्स में ख़बर थी 'जहाँ तलाशी के नाम पर लड़कियों को नंगा कर दिया जाता है।' उसने जल्दी जल्दी ख़बर पढ़ी। उसी के कॉलेज पर निशाना साधा गया था। सारे ब्यौरे वही थे जो पिछले चार दिनों में हुए थे। नन्दिता समझ गयी कि किसी भुक्तभोगी छात्रा का पिता, भाई या अमिभावक अख़बार में काम करता है। यह ख़बर प्राचार्य को ख़बरदार करने के लिये दी गयी थी।

नन्दिता ने करुणा को फोन मिलाया। करुणा भी 'जागरण' पढ़ चुकी थी। उसने बताया कि 'जागरण' के रिपोर्टर को उसने दो दिन पहले लड़कियों से बात करते देखा था। नन्दिता उखड़ गयी "परीक्षा पर उसे रिपोर्ट चाहिये तो हमारे पास आये। लड़कियाँ क्या रिपोर्ट देंगी?"

"वही तो। लेकिन दीदी, आपभी क्यों अपना ख़ून सुखाती हैं? लड़कियाँ करती हैं नकल तो करने दीजिये। युनिवर्सिटी का भेजा हुआ उड़नदस्ता अपने आप पकड़ेगा उन्हें।"

"नहीं" नन्दिता गुर्रायी, "अपने जीते-जी मैं नकल नहीं होने दूँगी।" उसने फ़ोन रख दिया।

इस ख़बर का प्रभाव परीक्षा के कक्ष-निरीक्षकों पर पड़ना ही था। उसी दिन से इन्विजिलेटर अपने काम के प्रति एकदम यान्त्रिक और निरपेक्ष हो गये। परीक्षा कक्षों का निरीक्षण वैसे भी आसान काम नहीं था। पुलिन्दा भर उपस्थिति प्रपत्र रोज़ ही विषयवार छँट कर गड्ड-गड्ड हो जाते। सामान्य प्रश्न-प्रत्र के दिन उनका क्रम बैठा कर उपस्थिति लेने और छात्रा की सीट पर जा कर हस्ताक्षर करवाने में एक घण्टे से ऊपर का वक़्त लग जाता।

उसके बाद समस्त प्रपत्रों पर कक्ष निरीक्षकों को प्रतिहस्ताक्षर करना पड़ता। उतनी देर में 'ब' उत्तर पुस्तक देने का समय हो जाता। बड़े-बड़े कमरों और हॉल में दौड़-दौड़ कर छात्राओं को 'ब' उत्तर पुस्तक देनी पड़ती। इस बीच नकलची छात्राओं को पकड़ने का हौसला पस्त होने लगता। आँख बार-बार घड़ी पर जाती कब तीन घण्टे पूरे हों, घण्टी बजे और वे कॉपियाँ इकट्ठी कर प्राचार्य के पास जमा करें।

कॉपियाँ जमा करना भी कोई खेल नहीं था। बड़ी बहनजी को हर काम क़ायदे से करना पसन्द था। वे अपने कार्यालय से उठकर नियंत्रण-कक्ष में मास्टर रोल ले कर बैठ जातीं। जब सब कक्ष-निरीक्षक आ जाते तब वे एक-एक रोल नम्बर पुकार कर कॉपी जमा करतीं। इस तरीक़े से उनका काम तो आसान हो जाता, टीचरों का काम घिसट जाता। बिरजू हाथ में मारकीन का कपड़ा और सुई-धागा ले कर ऐसे खड़ा रहता जैसे पोस्टमॉर्टम विभाग के बाहर जमादार खड़ा रहता है। बड़ी बहनजी की तसल्ली होते ही वह कॉपियों को सुतली से कस कर बाँध देता। प-Ƨ का फॉर्म और प्रश्नपत्र की दो प्रतियाँ साथ में ठूँसकर, अख़बार का कागज़ लपेट कर मारकीन की थैली में डाल देता। पहले वह मोटे टाँके लगाता। फिर वह बारीक टाँके लगाकर चपड़े से मोहर ठोकता। बिरजू चपड़े को चॉकलेट कहता था।

नन्दिता को घर के लिये निकलते तक सात से भी ऊपर का समय हो जाता पर उसे तसल्ली रहती कि काम सब क़ायदे से हुआ। शिक्षा विभाग ने उसे जो भारी दायित्व दे रखा है उसका निर्वाह सही ढंग से होना ही चाहिये।

जब से बी.ए. का पाठ्यक्रम तीन वर्षों का हुआ, परीक्षा की समय-सारिणी भी उसी प्रकार बनायी गयी थी। सभी कॉलेजों में परीक्षाएँ प्रतिदिन तीन सत्रों में होतीं—सुबह, दोपहर और शाम। बिल्कुल पिक्चर शो वाला मामला था। 7 से 10, 11 से 2 और 3 से 6। कई बार तो लल्लन एक सत्र के बाद अभी सफ़ाई भी पूरी न कर पाता कि परीक्षा का अगला सत्र शुरू हो जाता। तब रामदीन और बिरजू भी दौड़-दौड़कर कमरों से काग़ज़ की चिटें, गैस पेपर और किताबों के फटे पन्ने इकट्ठे करते।

हर सत्र के बाद नकल सामग्री जलानी पड़ती क्योंकि पकड़ी गयी नकल साम्रगी को युनिवर्सिटी भेजना ख़र्चीला काम था। कॉलेज की चहारदीवारी का एक हिस्सा नकल सामग्री की होली से एकदम स्याह हो गया था।

इन तीन घण्टों की तीन पालियों में वैसे ही इतना काम और मगज़पच्ची थी कि बड़ी बहनजी और अन्य कर्मियों को ढंग से बैठ कर चाय पीने की भी फ़ुर्सत न मिलती। ऊपर से इन्हीं पालियों में युनिवर्सिटी का भेजा उड़नदस्ता आ पहुँचता। वह जब भी आता, कुसमय ही आया लगता। कभी वह सवा तीन बजे ही आ पहुँचता, जब तीन बजे वाली छात्राओं ने कॉपी में लिखना भी शुरू न किया होता तो कभी पौने छः बजे शाम को आता जब परीक्षा ख़त्म होने वाली होती। सफ़ेद एम्बैसेडर में, सफ़ेद कपड़ों में, सफ़ेद फोम के जूते पहने उड़नदस्ते के सदस्य, आते ही परीक्षा-भवन को ऐसे घेर लेते मानो वहाँ सी.बी.आई. या इन्कम टैक्स का छापा पड़ने वाला हो। अगर व्यवस्था सन्तोषजनक होती और छात्राएँ पकड़ में न आतीं तो वे क्रुद्ध हो जाते। वे आपस में बहस करने लगते ''आज पचास का टार्गेट पूरा करना है। किसी भी तरह सात केसेज़ पकड़ो'' उनका टार्गेट पूरा हो, इसके लिये वे फ़िज़ूल छात्राओं को परेशान करने लगते; उन पर तोहमत लगाते कि वे पीछे मुड़कर देख रही थीं। पौने छः बजे किसी छात्रा पर तोहमत लगाये जाने का मतलब था कि वह सीधे अनुत्तीर्ण और अपमानित—दोनों होगी। नन्दिता उड़नदस्ते को कोल्ड ड्रिंक और कलाकंद पेश कर अनुकूल करने की कोशिश करती।

जिन सत्रों में उड़नदस्ते की जगह नन्दिता ही नकलची को पकड़ने का कार्य करती, अजीबो-ग़रीब नतीजे सामने आते। अक़्सर बड़ी बोदी लड़की पकड़ में आती जो नकल सामग्री अपने पास रखने के बावजूद अण्ट-शण्ट उत्तर लिख रही होती। इसीलिए तजुर्बेकार लोग कहते थे नकल के लिये भी अकल होनी चाहिये।

हर साल प्रदेश शासन एक असाधारण गज़ट द्वारा परीक्षा में अनुचित साधनों के प्रयोग पर प्रतिबन्ध लगाता। इस प्रतिबन्ध का सम्बन्ध जितना परीक्षार्थी से होता, उतना ही संस्था के पदाधिकारियों और कर्मचारियों से। इस अध्यादेश में स्पष्ट लिखा रहता कि निर्देशों का उल्लंघन दण्डनीय संज्ञेय

अपराध होगा। कॉलेज की बोलचाल में, शुरू-शुरू में उसे नकल विरोधी अध्यादेश कहा जाता था। बाद में बोलने की सहूलियत के ख़याल से 'विरोधी' शब्द हट गया और लोग इसे नकल-अध्यादेश कहने लगे। कक्ष-निरीक्षक परीक्षा के आरम्भ में कहतीं "सभी छात्राएँ ध्यान से सुन लें। पूरे प्रदेश में नकल अध्यादेश जारी हो गया है। अगर आप नकल करती पकड़ी गयीं तो जेल जायंगी।"

जब बड़ी बहनजी नकल का केस पकड़तीं तो सारे हॉल में हंगामा खड़ा हो जाता। अव्वल तो लड़की क़बूल ही नहीं करती कि पकड़ा गया पुर्ज़ा उसका है। वह कहती उसकी दुश्मन ने जान-बूझ कर उसकी बाँह में इसे छुपाया है। वह बेहोशी का नाट्य करती। वह कॉपी देने के लिये तैयार ही न होती। वह चिल्लाती, "इस हाल में बैठी सब लड़कियाँ नकल कर रही हैं। सबकी तलाशी ली जाय।" वह अकेली बदनाम नहीं होगी।

अगर बड़ी बहनजी यह सब न सुनकर उसका मामला फाटक पर बैठे पुलिसकर्मियों के सुपुर्द कर देतीं तो एक नई समस्या सामने आ जाती। अनुशासन और सतर्कता के समस्त अध्यादेश पुलिस के सामने परास्त हो जाते। पुलिस वालों को अपने चाय-पान-तम्बाकू में ऐसे व्यवधान पसन्द न आते। वे मानवता के पुजारी की भूमिका में आ जाते, "जाने दीजिये गुरुजी। हमारे घर में बहन-बेटियाँ हैं, आपके घर में भी होंगी। ग़लती इन्सान से ही होती है। एक बार कर गयी, आइन्दा नहीं करेगी। इतनी जून कहाँ इन्हें पुलिस चौकी भेजेंगी गुरुजी? साथ में आपकी चपरासिन को भी जाना पड़ेगा न।"

लमकी दाई कानों को हाथ लगाकर कहती, "दैया रे दैया, हम कबहू पुलिस चौकी में पैर नाहीं रखा इतनी उमर। हम न जाब।"

नकल विहीन परीक्षा, स्वच्छ अकादमिक वातावरण और पारदर्शी अनुशासन को ठेंगा दिखाता पुलिसकर्मियों का मानवतावाद उन्हें कुछ देर को देवताओं की कोटि में रख देता। उस समय बड़ी बहनजी साक्षात चुड़ैल नज़र आतीं।

असलियत तो अगले दिन ही उजागर होती जब वह छात्रा कॉलेज आ कर बताती कि दोनों पुलिस वाले रास्ते भर उसका पीछा करते घर तक

गये। रास्ते में वे कहते रहे, "आज तुम जेल चली जातीं, हमने बचा लिया। हमने तुम्हें इज़्ज़त दी, अब हमें तुम इनाम दो।"

यह सब साल दर साल देख-सुन कर नन्दिता क्षुब्ध हो जाती। उसे लगता, जैसे नकल करना और करवाना एक उद्योग बनता जा रहा है। नगर में कई ऐसे कॉलेज थे जहाँ परीक्षा फार्म भरने का दस हज़ार तक शुल्क लिया जाता था। वहाँ विद्यार्थी को उत्तीर्ण होने की गारण्टी ऐसे दी जाती जैसे पंखा या फ्रिज बेचने पर दी जाती है। गनपत कॉलेज ऐसा ही शिक्षा संस्थान था। फिर भी युनिवर्सिटी वहाँ के प्राचार्य और प्रबन्धक से बेहद खुश रहती। अक्सर गनपत कॉलेज़ की प्राचार्या फोन कर, नन्दिता को आगाह करती कि आज आपके यहाँ शाम की पाली में उड़नदस्ता आयेगा। नन्दिता परिश्रम के मामले में वरिष्ठ और पराक्रम के मामले में कनिष्ठ रही आती।

परीक्षा के दिनों में सुबह-दुपहर-शाम एक और समस्या थी—अभिभावकों से मुक्ति पाने की। अक़्सर वे छात्रा को छोड़ने आते और मैदान में टिके रहते। प्रश्न पत्र के लिफ़ाफ़े खोलने से पहले नन्दिता ख़ुद बरामदे में निकल कर उन्हें हाथ जोड़कर कहती, "आप कृपया तशरीफ़ ले जायं। परीक्षा शुरू होने वाली है। आपका यहाँ पर रुकना ग़ैर-क़ानूनी है।"

अभिभावक कहते, "देख लीजिये, आपके इन्विजलेटर पूरे न हों तो हम गाइडिंग कर दें। हम पैसा भी नहीं लेंगे।" रोज़ ऐसे तत्वों से नन्दिता को निपटना पड़ता।

कुछ अभिभावकों की समस्या सच्ची होती। खासतौर पर जो अभिभावक आसपास के गाँवों से छात्राओं को ले कर आते, उनके लिये परीक्षा केन्द्र से दूर समय बिताना मुश्किल होता। वे कहते, "गुरुजी, कॉलेज में इतने कमरे बन्द पड़े हैं। एक खुलवा दीजिये तो हम यहीं आराम कर लें। परीक्षा ख़त्म होते ही लड़की को ले कर चले जायंगे।"

अप्रैल के महीने में सुबह सात बजे से ही चिलचिलाती धूप पड़ती। नन्दिता का मन पसीजने लगता पर वह सँभल जाती। उसे पता था कि नियम इसकी इजाज़त नहीं देते।

ऐसे समय चपरासियों की पूछ बढ़ जाती। अभिभावक उनकी ख़ुशामद कर, उनकी कोठरियों में शरण पा लेते। वे उन्हें अपने साथ लाये ककड़ी-खरबूजे

का सेवन करवाते और चाय के नाम पर दस-बीस रुपये भी दे डालते। कभी कोई जुगाड़ू अभिभावक बिरजू रामदीन या लल्लन के हाथ, लड़की को नकल के लिये चिट भिजवाने की हिम्मत कर बैठता। शक पड़ने पर नन्दिता ने परीक्षा के दौरान चपरासियों का परीक्षा-कक्ष में प्रवेश निषिद्ध कर दिया था।

ऐसे निर्देशों से चपरासी-वर्ग को काफी मिर्ची लगी। लमकी दाई ने बिरजू से कहा, "सुबह छह बजे से आ कर हलकान होते हैं। बहनजी लोग तो दोपहर में घर चली जात हैं। लड़कियाँ हमरे मूड़ पर ही नाचत हैं, दाई पानी, दाई पंखा। अब हम एक कप चा भी पिएँ तो बड़ी गुरु जी की मेहरबानी से। लो बोलो, नेकी का ज़माना नहीं।"

11

लिखित के बाद व्यावहारिक परीक्षाओं की बारी आती। बाह्य परीक्षकों के साथ कई बार पत्र-व्यवहार और फ़ोन करने के बाद अन्ततः प्रैक्टिकल इम्तहानों की तिथियाँ निर्धारित होतीं। नन्दिता की कोशिश रहती कि दो-तीन दिनों में समस्त प्रैक्टिकल परीक्षाएँ निपटा दी जायं ताकि जो भी दो-तीन हफ़्ते गर्मी की छुट्टियाँ बची हैं उनका उपभोग किया जाय। लेकिन परीक्षकों से सुविधाजनक तिथियाँ न मिलतीं। बाह्य परीक्षक प्रैक्टिकल इम्तहान क्या करवाते, अपने लिए बिलकुल बारातियों जैसी आव-भगत चाहते। कई दिन पहले ये तैयारियाँ शुरू हो जातीं।

जब से गृहविज्ञान-विभाग को यू.जी.सी. का अनुदान मिलने लगा उसमें नए उपकरण आ गये थे। कॉलेज में अब स्टोव की जगह गैस, पतीलों की जगह कुकर और आइसबॉक्स की जगह फ्रिज नज़र आता। फिर भी गृहविज्ञान-विभाग में हर साल छात्र-संख्या बढ़ने से हर चीज़ थोड़ी पड़ने लगती। प्रेमा बहनजी बनारसी उच्चारण से कहती ''दिदि, हमें दो कूकर और पाँच केजी चिनि आज मँगवा दिजिये।'' नन्दिता सोचती इन्हें कैसे समझाये कि अंग्रेज़ी शब्दों में कुछ अक्षर फ़ालतू होते हैं। उन सभी के उच्चारण की दरकार नहीं होती। कुकर में लिखे दो 'ओ' जाते हैं पर बोला यू की तरह जाता है। फिर हिन्दी की मात्राओं का ज्ञान इन्हें कौन कराये। वैसे प्रेमाजी अपने विषय में डी. फिल. थीं, न सिर्फ़ उनका अपना बल्कि उनके विद्यार्थियों का भी प्राप्तांक स्तर उच्चकोटि का था लेकिन उनका उच्चारण कानों पर आघात करता। वे हिन्दी, अंग्रेज़ी—दोनों भाषाओं पर अत्याचार करतीं। लिखित माँग पत्र में भी भाषा और वर्तनी की अशुद्धि झलकती रहती। वे कैसेरोल को कैशरोल, लहसुन को लासून, मिर्च को मिरची और प्याज़ को पियाज लिखतीं।

पोषण और आहार-विज्ञान के प्रैक्टिकल इम्तहान से कॉलेज में रौनक आ जाती। बाह्य परीक्षक प्रेमाजी की सलाह से पाँच-पाँच छात्राओं की टोली बना कर उन्हें अलग-अलग व्यंजन बनाने का कार्य सौंपती। लड़कियों की चहल-पहल से लैब गुंजान हो जाती। जो सामान लड़कियों को कम लगता, उसे मँगाने वे दाइयों और चपरासियों को दौड़ा देतीं। उस दिन काम करने से कोई इनकार न करता। हरेक के हिस्से कोई न कोई पकवान पड़ ही जाता।

इस साल भी कानपुर से बलजीत कौर, अलीगढ़ से रेहाना सिद्दीक़ी और आगरे से नीता अग्रवाल आईं। आंतरिक परीक्षक प्रेमा ने उनकी सलाह से सभी छात्राओं को काम आवंटित किया। उसे अभी लेक्चरर बने सिर्फ़ तीन साल हुए थे, उसकी देह अभी सानुपातिक थी। बाह्य-परीक्षक सब उससे वरिष्ठ थीं। उनकी हृष्ट-पुष्ट काया से साफ़ पता चलता था कि वे गृहविज्ञान की अनुभवी शिक्षिकाएं हैं। तीस-चालीस टोलियों के व्यंजन चखने-परखने में पेट तो भर ही जाता, न जाने कितनी ज़्यादा कैलोरी शरीर के अन्दर चली जाती।

लड़कियों ने उनके लिये दोपहर के भोजन की भी ज़बर्दस्त तैयारी कर रखी थी। खुद भूखी रह कर लड़कियाँ सुबह सात बजे से गैस चूल्हे पर बना रही थीं—मटर पनीर, आलूदम, कमल ककड़ी के कोफ़्ते, लौकी का रायता और मखाने की खीर।

रेहाना सिद्दीक़ी ने शुचि से कहा, "सुबह से घास-फूस खा-खाकर परेशान हो गये। कुछ चिकन या मटन पकाया है तो लाओ।" शुचि स्तम्भित खड़ी रह गयी।

तब प्रेमा ने समझाया, "मिसेज़ सिद्दीक़ी, हमारे कॉलेज में सामिष भोजन पर पाबन्दी है। आज आप सब्ज़ियों से काम चलाइये।"

रेहाना असन्तुष्ट हो गयीं। इसकी कसर उन्होंने शुचि को ख़राब नम्बर देकर निकाली। वह कॉलेज की अच्छी छात्रा थी। पढ़ने में तेज़ और एकाग्र।

तृतीय वर्ष की बाह्य परीक्षक नीता अग्रवाल ने छात्राओं की मौखिक परीक्षा के साथ-साथ अनेक व्यंजनों की जाँच की। आम्रपाली यह नहीं बता पा रही थी कि सेब की पुडिंग में पोषक तत्व कितना है। परीक्षक ने कड़ी

आवाज़ में कहा, "इतना भी नहीं जानती? अच्छा यह जानती हो यह डोंगा किसका है?"

आम्रपाली सुन्दर से कटग्लास, जापानी डोंगे में एपिल पुडिंग लायी थी।

उसने डरते हुए कहा, "जी, मेरा।"

"ठीक है। इसे धोकर, अच्छी तरफ़ साफ़ कर यहाँ ले आओ।" मिसेज़ अग्रवाल आँख दबा कर प्रेमा की तरफ़ देखकर मुस्कराई। जापानी डोंगा उन्हें नज़र किया गया।

बाद में आम्रपाली ने नन्दिता के ऑफ़िस में, रुआँसी शिकायत की, "मैम वो नीता मैडम मेरा इतना अच्छा डोंगा ले गयीं। ममी मुझे डाँटेंगी।"

"इतनी मँहगी चीज़ें कॉलेज में क्यों लाती हो तुम?"

"मैम अच्छे नम्बर मिल जायंगे, यही सोचा था।"

"नम्बर तो तुम्हें अच्छे ही मिले होंगे।"

बाद में हस्ताक्षर के लिये प्राप्तांक प्रपत्र नन्दिता के पास आने पर उसने देखा, आम्रपाली को अस्सी प्रतिशत नम्बर मिले थे

जब उन्हें यात्रा भत्ता देने लगे, परीक्षकों ने साफ़ कह दिया, "मैडम, तीन से छह के पिक्चर शो की टिकट मँगवाइये। दोपहर में स्टेशन जा कर क्या करेंगे?"

परीक्षकों के सम्मान में प्रेमाजी को भी साथ भेजना पड़ा। थकी होने के बावजूद प्रेमा को सिनेमा देखना पड़ा।

वस्त्र विज्ञान के प्रेक्टिकल इम्तहान में प्रथम वर्ष को कार्य दिया गया—दाग़-धब्बे छुड़ाने का। मिस दफ़्तरी ने कहा, "ग्रीज, पेंट, पान और ज़ंग के धब्बे छुड़ाने हैं। समय केवल सात मिनट दिया जायगा।"

छात्राएँ लपकीं, फ़ीस बाबू की साइकिल से ग्रीज़ की कालिख लगाने, ताकि छुड़ायी जा सके।

पान की पीक का काम पेचीदा था। पान चबा कर कपड़े पर थूकना और साफ़ करना—सात मिनट के अन्दर नहीं हो सकता था। मिस दफ़्तरी से कहा गया। अब उन्होंने कहा, "अच्छा, ख़ून के धब्बे छुड़ा कर दिखाओ।"

बेचारी लड़कियाँ लैब से ही चाकू या सुई ले कर अपनी उँगली घायल करतीं, ख़ून कपड़े पर टपकातीं और उसे साफ़ करने में जुट जातीं।

मिस दफ़्तरी छात्राओं के काम से प्रसन्न दिखीं लेकिन वे भी जाते-जाते साधना वर्मा की बनायी बंधेज की साड़ी उठा ले गयीं। साधना का गाल थपथपा कर उन्होंने कहा, "बहुत मौलिक रंग योजना है तुम्हारी। पढ़-लिख कर अपना बुटीक खोलना।"

यह प्रति वर्ष की कहानी थी।

नन्दिता को तकलीफ़ होती कि परीक्षक महमूद ग़ज़नवी जैसी हरकतें क्यों करती हैं। लड़कियों को नीर भरी बदलियाँ बनाकर छोड़ जातीं वे। प्रैक्टिकल इम्तहानों में कुछ चीज़ें हमेशा इधर-उधर हो जातीं—चम्मचें, काँटे, छोटी कैंची, गैस लाइटर—इनका पता ही न चलता कहाँ गयीं।

डिग्री कॉलेज की कई छात्राएँ खेलकूद में तेज़ थीं। फ्री पीरियड में वे सामने मैदान में बैडमिन्टन के अलावा बास्केटबॉल और हॉकी का अभ्यास करतीं। यू.जी.सी. के अनुदान से खेल के बहुत-से उपकरण कॉलेज में आ गये थे। नन्दिता ने एक अंशकालिक गेम्स कोच की नियुक्ति भी कर ली। सुनील पॉल के आ जाने से खेलप्रेमी छात्राएँ खुश हुईं। अब वे छुट्टी के बाद भी रुक कर कभी हैंडबॉल की प्रेक्टिस करतीं तो कभी वॉलीबॉल की। पॉल की सीटी से पता चल जाता कि वह अपना काम कर रहा है। इससे पूर्व वह कई कॉलेजों में गेम्स कोच रह चुका था। वह सेना का अवकाश-प्राप्त कर्मचारी था।

महिला-कॉलेज में पुरुष का आगमन एक घटना होती है। पॉल सर के कारण लड़कियों में खेलप्रियता बढ़ती जा रही थी। क्रिसमस की छुट्टियों पर लड़कियों ने आ कर पूछा, "मैम, छुट्टी में कॉलेज खुला रहेगा या बन्द?"

"बिल्कुल बन्द।"

"मैम, हमें वॉलीबॉल प्रेक्टिस करनी है। जनवरी में ई.सी.सी. से मुकाबला होगा। सर ने बताया है।"

"एक सप्ताह में कोई ख़ास फ़र्क़ नहीं पड़ेगा। ठण्ड में घर से निकल ही नहीं पाओगी।"

'मैम हम आ जायंगे,' रोली श्रीवास्तव ने कहा, "एक निवेदन और है, आप नीचे के एक क्लास रूम की चाभी दे दें तो हम अपना स्पोर्ट्स किट उसी में रख दिया करें। उसे रोज़ लाने ले जाने से ख़ामख़्वाह मैला हो जाता है।"

बड़ी बहनजी का एक मन कह रहा था इस तरह कॉलेज के कमरे की चाभी किसी छात्रा को देना अनुमन्य नहीं है। लेकिन उनका दूसरा पक्ष आधुनिक उदार और विश्वासी हो रहा था। लड़कों के कॉलेज में तो हर कक्षा में लड़के भरे रहते हैं। जब वहाँ कुछ आवांछित नहीं होता तब यहाँ आर.एल.बी.डी.सी. में ही क्यों होगा।

नन्दिता ने अपनी दराज़ से कमरा नम्बर तीन की दूसरी चाभी रोली को दे दी । साथ ही उसने लमकी दाई को बुला कर समझाया, ''देखो, लड़कियाँ खेल-कूद का अभ्यास करने छुट्टियों में आया करेंगी। कान खोल कर सुन लो। तुमको रोज़ दस बजे सुबह आना है। जब लड़कियाँ घर जायं तब तुम जाना।''

लमकी दाई कॉलेज के पास ही रहती थी। उसने गर्दन हिला कर कहा, ''हम नौ बजे ही आ जाब।''

क्रिसमस की पूर्व साँझ ही दिवाकर और नन्दिता कलकत्ते चले गये। इस बार दुर्गा पूजा पर वे घर जा नहीं पाये थे। वहाँ दिवाकर के बड़े भाई और नन्दिता की बड़ी बहन रहते थे। सप्ताह का पता ही नहीं चला। मुश्किल से दो-दो दिन दोनों घरों में प्यार-सत्कार पाया कि जाने की बेला आ पहुँची।

दिवाकर को वापस जाना उतना ही ख़राब लग रहा था जितना नन्दिता को। कलकत्ते में जन्म से ले कर उनका लड़कपन तक का वक़्त बीता था। यहाँ की हवा में ही घर-परिवार की ख़ुशबू समायी थी। ऊपर से भतीजे-भतीजियों में रम कर अपना निस्सन्तान होना भी उन्हें विस्मृत हो जाता।

बहरहाल जाना तो था ही। नये वर्ष की पूर्वसाँझ रेलयात्रा में बीती। पहली जनवरी की सुबह वे इलाहाबाद पहुँच गये। हड़बड़ी में चाय पी कर नन्दिता कॉलेज जाने की तैयारी करने लगी। ग़ज़ब की ठण्ड थी। नन्दिता को यह सोच कर अजीब लग रहा था कि इस कड़ाके की ठण्ड में जो भी कॉलेज में मिलेगा, दाँत निपोर कर कहेगा, 'मैम, हैपी न्यू यर' भले ही नया साल पुराने साल जैसा ही हो।

तभी फ़ोन की घण्टी से उसका ध्यान बँटा। पेटिकोट पर तौलिया लपेट, वह ग़ुसलख़ाने से निकली। फ़ोन डी.डी. अग्रवाल का था। उन्होंने उसके नमस्कार और हैपी न्यू यर का कोई प्रत्युत्तर न दे कर आदेश दिया, ''कॉलेज

जाने से पहले आप मुझसे मिल कर जायं।" उनकी आवाज़ कठोर नहीं, कठिन लगी।

नन्दिता ने अपने को ठेल कर, रोज़ से आधा घण्टे पहले ही, निकलने की तैयारी कर ली। भीड़ और ट्रैफिक जाम के गतिरोध झेल कर जब वह सुलाकी चौराहे पहुँची, मैनेजर बड़ी बेसब्री से अपनी घड़ी देखते हुए घर के आगे चहलकदमी कर रहे थे।

उन्होंने जो बताया, नन्दिता उसके लिये तैयार नहीं थी।

यह तीन दिन पहले की घटना थी। मैनेजर अपनी कार में रात नौ बजे कहीं से लौट रहे थे कि उन्होंने देखा, डिग्री कॉलेज के एक कमरे की बिजली जली हुई है। छुट्टी के दिन इस वक़्त कॉलेज में बिजली का क्या काम? उन्हें लगा वे अन्दर पहुँच कर चौकीदार से पूछताछ करें और बिजली बन्द करवा दें। उन्होंने ड्राइवर रामसरन से कहा। रामसरन को ठण्ड में यह फ़िज़ूल का व्यवधान पसन्द नहीं आया । वैसे भी वह चार घण्टे की बेगार कर चुका था। उसने नाक सिकोड़ कर कहा, "बहूरानी बिगड़ेंगी जो और देर हो गयी। चौकीदार रजाई ओढ़ कर सोया पड़ा होगा। अब आप कल ही ऐक्शन लीजिये।"

गाड़ी आगे चली गयी। अगले रोज़ मैनेजर ने कॉलेज के चौकीदार से पूछा। जानकारी से वे सन्न रह गये। उसने बताया कि कॉलेज के गेम्स कोच पॉल सर अपने चार दोस्तों के साथ शाम से रात तक यहाँ कमरा नम्बर तीन में हंगामा मचाते हैं। हम कुछ कहते हैं तो चाभी दिखा कर कहते हैं, देखो मैडम ने हमें चाभी दे रखी है। एक दिन पार्टी हुई थी जिसमें दो-तीन लड़कियाँ भी आयीं।

कमरे की तलाशी लेने ऊपर उसमें से पोटेटो चिप्स के ख़ाली पैकेट, व्हिस्की की बोतल और प्लास्टिक के पिचके ग्लास बरामद हुए। चौकीदार के हाथ अग्रवाल जी ने कमरे की चाभी तो अपने पास मँगवा ली लेकिन उन्हें सख़्त एतराज़ है कि पॉल सर को चाभी देने की ग़लती नन्दिता ने कैसे कर दी। नये आदमी पर इतना भरोसा करना मूर्खता के सिवा कुछ नहीं है। पलक झपकते नन्दिता बात समझ गयी। उसने मैनेजर को आश्वस्त किया और कॉलेज चल दी।

कॉलेज में 'हैपी न्यू यर' और 'साल मुबारक' की धूम थी।

नन्दिता ने लमकी दाई को याद किया।

वह लट-पट कदमों से बड़ी बहनजी के सामने आ कर जमीन पर बैठ गई, "का बताई गुरुजी, इधर आप से सहेजिन, उधर बीमार पड़ गइन। इत्ती जोर से जूड़ी चढ़ी, हमें होश नाहीं कब हम जागे कब सोये।"

सुनील पॉल का दूर-दूर तक पता न था। उसे फ़ोन करने पर ख़बर मिली वह तो लखनऊ चला गया है।

दिन के दौरान नन्दिता ने रोली श्रीवास्तव को दरयाफ़्त किया। रोली आयी। उसकी रंगत कुछ फ़ीकी और चेहरा पीला लग रहा था। उसने आते ही कहा, "मैम, यह कॉलेज आप चलाती हैं या मैनेजर साहब? हमारी अच्छी-भली पार्टी में उन्होंने ख़लल डाला। हम क्या अपना भला-बुरा समझते नहीं हैं?"

नन्दिता ने अपना आक्रोश सँभाल कर कहा, "मैंने तुम्हें कमरे की चाभी किट रखने के लिये दी थी, पॉल सर की पार्टियों के लिये नहीं। चाभी तुमने उन्हें दी?"

"क्या करती मैम! पार्टी की सजावट पूरी नहीं हुई थी, मुझे घर जाना था। मजबूरन दे दी।"

"तुम उस रात पार्टी में थीं?"

"बिल्कुल थे मैम। एकदम कूल पार्टी थी।"

"कॉलेज परिसर में बिना मेरी अनुमति के तुमने पार्टी कैसे रखवायी?" रोली के तेवर कुछ ढीले पड़े।

उसने कहा, "मेरी ग़लती की सज़ा आप पॉल सर को मत दीजिये मैम। वे आपसे घबरा कर नौकरी ढूँढ़ने लखनऊ चले गये हैं।"

नन्दिता के मन में रोली की रुआँसी आवाज़ सुनकर शोले का संवाद गूँजा 'बहुत याराना लगता है?"

उसने कहा, "उनके खिलाफ़ तो जाँच बैठेगी। ऐसे तत्व लड़कियों के कॉलेज के लिये ख़तरनाक साबित हो सकते हैं।"

अब से नन्दिता ने कानों को हाथ लगा कर तौबा की, किसी पुरुष को कॉलेज में नियुक्त नहीं करना है। कौन जाने कितनी बड़ी दुर्घटना घट जाय।

एक दिन नन्दिता दिन का कार्य समाप्त कर घर जाने की तैयारी में फ़ाइलें सँभाल रही थी कि शुचि उनके कार्यालय में आयी।

उसने फ़ीस बाबू और बड़े बाबू की तरफ़ देखते हुए कहा, ''मैम, हम आपसे सन्नाटे में बात करना चाहते हैं।''

नन्दिता ने तख़लिया मुद्रा में बाकी सहयोगियों को देखा। सब अपने रजिस्टर ले कर उठ खड़े हुए।

शुचि ने बताया, ''मैम, हम तो रोज़ की तरह घर जाने वाले थे।''

''कब की बात है यह?''

''जी स्पोर्ट्स प्रेक्टिस के बाद 28 दिसम्बर को। मैम, हमने रिक्शा किया। जाने कहाँ से एक लड़का साइकिल पर आया। उसने रिक्शेवाले को दस का नोट दिया और कहा, 'जहाँ मैं कहूँ, वहाँ रिक्शा ले चलो।'

''एक दो मिनट तो हमारी समझ में नहीं आया मैम क्या हो रहा है यह। जब हमने रिक्शा कीडगंज की जगह सीधा आगे जाता देखा, हमें झटका लगा। यह तो हमारा रास्ता नहीं है।''

''मैम, हम रिक्शे से कूद कर उतर गये। हमें रोना आ गया। रिक्शेवाला अपना रिक्शा ले कर चला गया। सड़क पर एकदम सन्नाटा था। वह लड़का हमसे कहने लगा, ''आप हमें अच्छी लगती हो। हम आपसे मधुर-मिलन चाहते हैं।''

''तुमने शोर नहीं मचाया? लड़के को झापड़ नहीं मारा?''

''हम तो घबड़ा गये मैडम। रोना ही रोना आ रहा था। डैडी को पता चलेगा तो मेरा कॉलेज आना बन्द करवा देंगे। हम तीन रात से सोये नहीं हैं मैडम।''

''वह लड़का है कौन?''

''पता नहीं मैम। वह सुरेन्दर की कोठरी में रहता है।''

''अच्छा तुम जाओ, डरो नहीं। हम उस लड़के को देख लेंगे।''

''मैम, आपसे यह रिक्वेस्ट है कि इसे पुलिस केस मत बनाइयेगा नहीं तो हमारी बड़ी बदनामी होगी। हमारा नाम फ़िज़ूल घसीटा जायगा।''

''ज़रूरत पड़ी तो थाने में रिपोर्ट करनी पड़ेगी। आज तुम्हें छेड़ा है कल को और लड़कियों को छेड़ेगा।''

"पर हम तो बदनाम हो जायंगे। मैम, अगर आप रिपोर्ट करेंगी तो हम आत्महत्या कर लेंगे।"

"पागल हो", बड़ी बहनजी ने शुचि के सिर पर हाथ फेरते हुए कहा, "सुन्दर होने के ख़तरे तो तुम्हें जन्म भर उठाने हैं। हम तो बस यह चाहते हैं, हमारी संस्था से तुम उजली चादर ले कर जाओ।"

नन्दिता का कॉलेज की हर छात्रा से गहरा जुड़ाव था। साथ ही, उसके दिमाग़ में अपनी संस्था की प्रतिष्ठा सर्वोपरि थी।

शुचि के चले जाने के काफ़ी देर बाद नन्दिता ने सुरेन्दर को बुलवा भेजा।

"तुम्हारे साथ कमरे में और कौन रहता है?" नन्दिता ने डपट कर पूछा।

"जी, हमारे गाँव का लड़का है राजेश सिंह।"

"क्या करता है?"

"आई.टी.आई. में ट्रेनिंग ले रहा है। गुरुजी, क्या बात है, आप उसके बारे में क्यों पूछ रही हैं?" सुरेन्दर सतर्क हुआ।

"उसने हमारे कॉलेज की लड़की को छेड़ा। ऐसे लोगों को तुम अपने क्वार्टर में जगह देते हो?"

सुरेन्दर सिंह का ठाकुर रक्त खौल गया, "किसने कहा?"

"नाम तुम्हें हम क्यों बताएँ? उस लड़के से कह दो अगले चौबीस घण्टों में कमरा ख़ाली कर दे और ख़बरदार आगे से तुमने कोई बाहरी आदमी टिकाया!"

सुरेन्दर गुस्से में तमतमाया बाहर निकला और पाँच मिनट में ही राजेशसिंह नामक मजनूं की बाँह खींचता हुआ वापस आया।

उसकी गर्दन पर हाथ मार कर सुरेन्दर ने कहा, "माँग माफ़ी गुरुजी से, माँग। साले, हमारी भी बेइज़्ज़ती करायगा।"

बड़ी बहनजी ने राजेशसिंह को ग़ौर से देखा। मंझोले कद और पतली देह का लड़का था वह जिसे अगर निकर पहना दी जाय तो अठारह की जगह चौदह साल का लगे।

नन्दिता को लगा—वाह रे शुचि, वैसे तो बहादुर बनती हो, इस छोटे से लड़के से घबरा गयी, मेरी जान को झंझट कर दिया!

ऊपर से उसने कड़क कर कहा, "क्यों, क्या बात है? तुम्हारे सिर पर इश्क़ का भूत चढ़ा है तो उतारें हम?"

"नहीं गुरुजी, नहीं गुरुजी" कहता लड़का, उसके पैरों में गिर गया।

"तुमने हमारे कॉलेज की लड़की को छेड़ा! तुम्हें जेल भेजें, करें फ़ोन?" लड़का बुक्का फाड़ कर रो पड़ा, "भगवान क़सम गुरुजी, हमने कुछ नहीं किया। हमने तो बस इतना कहा था कि आप बहुत अच्छी हो, हम आपके भाई बनेंगे, इस बार राखी के त्योहार पर आप हमें राखी बाँधना। हम आपको दीदी बनाना चाहते हैं।"

"तुम झूठ बोल रहे हो। तुम कॉलेज का कमरा फ़ौरन ख़ाली करो। सुरेन्दर, आइन्दा तुमने गाँव से ऐसे शोहदे बुलाकर ठहराये तो तुम्हारा पत्ता भी गोल समझो। अब जाओ यहाँ से।"

सुरेन्दर राजेश को धकियाता हुआ ले गया।

वापस अपनी मेज़ पर काग़ज़ समेटते हुए बड़ी बहनजी को यह याद कर हँसी आती रही कि कितनी जल्द यह अट्ठारह साल का लड़का अपना प्रेम प्रस्ताव ख़ारिज कर लड़की को बहन बनाने पर राज़ी हो गया।

कभी-कभी छात्राएँ ऐसी माँग ले कर आतीं जिसे पूरा करना असम्भव हो जाता।

बी.ए. प्रथम वर्ष की उमा सिंह एक दिन नन्दिता के कार्यालय में आयी।

"मैडम, आपसे एक निवेदन है। हमारी जाति बदल दीजिये।"

"कैसी बात कर रही हो? इसमें मैं कुछ नहीं कर सकती। मुझे तो यह भी नहीं पता तुम्हारे जाति क्या है?" नन्दिता ने कहा। दरअसल उसे शिकायत मिली थी कि उमा सिंह मोटरसाइकिल पर बैठ जिस लम्बी मूँछों वाले नौजवान के साथ कॉलेज पहुँचती है वह इसका अभिभावक नहीं है। कौन है, यह गुरुजी पता लगायें।

"जी, हम राजपूत हैं।"

"उमा, जो तुम्हें कॉलेज छोड़ने आता है, तुम्हारा भाई वग़ैरह है क्या?"

"मैडम, वह कोई भाई-वाई नहीं है।"

"तुम्हारे पिता क्या करते हैं?" नन्दिता को स्थिति समझ आने लगी।

"हमारे पापा पुलिस में हैड कांस्टेबिल हैं। वे संग्रामपुर में हैं।"

''फिर क्या दिक़्क़त है! तुम्हें छेड़ने की कौन हिम्मत करेगा?''

''पापा घर के लिये एक पैसा भी नहीं भेजते। माँ से झगड़ा करते हैं। हम पाँच भाई-बहन हैं पढ़ने वाले। बड़ी तकलीफ़ में रहते हैं जी।''

''गुज़ारा कैसे चलता है?''

''मकान का नीचे का हिस्सा किराये पर उठा रखा है, उसी से माँ घर चलाती है।''

''वह मूँछोंवाला कौन है?''

''जी इनकी नैनी में स्टेशनरी की दुकान है। मैडम, ये हमें किताब कॉपी पैन देते हैं। अगर ये मदद न करें तो हम अनपढ़ रह जायं।''

नन्दिता को पता चला कि मूछोंवाला जवान लालजी साह उमा के घर में रक्षक और भक्षक, दोनों भूमिकाओं में मौजूद है। उमा से उसके ग़लत सम्बन्ध हैं। उसी से उबरने के लिये वह अपना नाम अनुसूचित जाति की सूची में लिखवाना चाहती है। तब उसे छात्रवृत्ति मिलने लगेगी। नन्दिता ने उसे समझाया, ''देखो, जाति हमें जन्म से मिलती है। जाति परिवर्तन के लिये संसद सदस्य का प्रमाण-पत्र चाहिये होता है। उसके बाद और बहुत-सी औपचारिकताएँ हैं। कल को तुम्हारी शादी होगी, तब तुम्हें अपनी जाति की ज़रूरत पड़ सकती है।''

''नहीं मैडम, मैं शादी नहीं करूँगी। मैं बी.ए. के बाद पुलिस में भर्ती हो जाऊँगी। एक गोली से पापा का काम तमाम करूँगी और दूसरी से लालजी साह का। नहीं तो वह बारी-बारी से मेरी सब बहनों को निगल जायगा। राक्षस आदमी है वह!''

नन्दिता ने उमा की प्रार्थना नामंजूर कर दी, लेकिन अपने स्तर पर उसकी फ़ीस माफ़ कर दी।

अनुसूचित जाति और अनुसूचित जनजाति के विद्यार्थियों को नन्दिता अनुजा और अनुजजा कहती है। कॉलेज में इनकी बढ़ती संख्या देखकर वह प्रसन्न होती है। रानी लक्ष्मीबाई डिग्री कॉलेज ऐसी जगह स्थित है कि आस-पास के ग्रामीण क्षेत्र के विद्यार्थी यहाँ टेम्पो से आसानी से आ जाते हैं। बैरहना इलाके की लड़कियाँ कई बार देर से पहुँचती हैं पर ग्राम अंचलों की छात्राएँ एकदम समय से आती हैं। सप्ताह के तीसरे दिन यानी बुधवार को प्रातःकालीन सभा का आयोजन भी इसी उद्देश्य से किया हुआ है कि

इसमें छात्रा संख्या का विहंगावलोकन हो जाता है, प्राध्यापिकाओं का अनुशासन परख लिया जाता है और एक प्रकार से सबको साप्ताहिक गतिविधियों से अवगत करा दिया जाता है। हर हफ़्ते दो प्राध्यापकों की ड्यूटी लगती है। प्रार्थना की जगह लड़कियाँ अपना दिनारम्भ देशगान से करती हैं। फिर 'आज का विचार' पढ़ कर सुनाया जाता है और एक प्राध्यापक उसकी व्याख्या करता है।

नन्दिता ने शिक्षाशास्त्र विभाग से शिक्षा सम्बन्धी रोचक और प्रेरक प्रसंग छाँट कर उनका संकलन करवा रखा था। स्टाफ़-मीटिंग में उसने स्पष्ट किया था कि जहाँ तक हो, धार्मिक उद्धरण इस सभा में न पढ़े जायँ लेकिन पिछले कुछ समय से देश में ऐसी स्थितियाँ पैदा हो गयीं कि कॉलेज की प्राध्यापिकाएँ इस मुद्दे पर विभाजित होने लगीं। पायल और करुणा सक्सेना, मालवीय और तिवारी मैडम, माणिक वर्मा आदि सवर्ण टीचरों का विचार था कि सुबह की असेम्बली में वेद और पुराण के उद्धरण सुनाये जाने चाहियें। यू.जी.सी. की नियमावली के अनुसार कॉलेज में पिछड़ी और दलित जाति की भी तीन लेक्चरर नियुक्त हो गयी थीं। वे चाहतीं थीं कि उद्धरणों में महात्मा गाँधी, एनी बेसेन्ट, विवेकानन्द, अम्बेडकर आदि के विचार हों।

इस प्रसंग पर इतना विवाद और मतभेद पैदा हो गया कि शिक्षकों की लड़ाई छात्राओं तक पहुँच गई। अब छात्राएँ नोटिस बोर्ड देख कर ही तय करतीं कि बुधवार सभा में उन्हें आना है अथवा नहीं। सवर्ण अध्यापिका की सभा में सवर्ण छात्राएँ जातीं और शेष फाटक पर खड़ी रहतीं।

माणिक वर्मा ऊँचे स्वर में कहती, "सुबह-सुबह छात्राओं को उच्चकोटि के पवित्र विचार सुनने-गुनने चाहिये। आपको अपने अन्दर देवत्व का भाव जगाना चाहिये।"

मिसेज़ सिंह अपनी कक्षा में कहती, "देवताओं ने अपनी गद्दी सुरक्षित रखने के लिये मनुष्य को हीनतर कोटि में रखा। जो मनुष्य दूसरों को तुच्छ समझते हैं वे आप तुच्छतर होते हैं।"

दलित छात्राएँ यदि संस्कृत विषय लेना चाहतीं, मणिक वर्मा इसका जमकर विरोध करती। वह कहती "दीदी, ये सब विमन्दित बुद्धि की लड़कियाँ हैं, इन्हें देववाणी से क्या मतलब? इनका उच्चारण इतना अशुद्ध होता है कि संस्कृत भी असंस्कृत लगती है।"

नन्दिता उसे समझाती कि उच्चारण सुधारा जा सकता है और नियमानुसार किसी छात्रा को उसकी पसन्द का विषय लेने से कैसे रोका जा सकता है।

"सब की सब मूढ़ हैं, इनमें शिक्षा की चेतना ही नहीं है।" माणिक भुनभुनाती।

एक अनचाहा वातावरण निर्मित होने लगा था। इसका प्रभाव कॉलेज की रोज़मर्रा की गतिविधियों पर भी दीखने लगा। नन्दिता जितना उदार और गुट-निरपेक्ष दृष्टिकोण रखती, उसकी उतनी ही संकीर्ण और क्षुद्र व्याख्या कर दी जाती। ऐसा लगता जैसे एक सामूहिक मंत्रणा और षड्यन्त्र के तहत कई अध्यापिकाएँ संगठित हो रही हैं। संगठनवादियों ने अकस्मात् एक-से कपड़े पहनकर आना शुरू कर दिया। सोमवार को ये सब शुभ्रवसना बन जातीं, मंगलवार को सिन्दूरी, बुधवार को हरी साड़ी पहनतीं, गुरुवार को गेरुआ रंग, शुक्रवार को बैंगनी और शनि को काले परिधान में दिखायी देतीं। स्टाफ़रूम में घुसते ही लगता जैसे यमलोक में आ गये हैं। ऐसा महसूस होता जैसे तीन चौथाई कॉलेज में यूनिफॉर्म की व्यवस्था हो गयी है। उन्हें टोकने पर वे मुँह बना कर कहतीं, "दीदी, हर दिन का एक रंग होता है। आप प्राचीन आचार-संहिता पढ़कर देखें।" वे अपनी बात की पुष्टि में मनु से ले कर महात्मा गाँधी तक का सहारा लेतीं। वे छात्राओं में कभी राष्ट्रप्रेम के स्टिकर (बिल्ले) बाँट देतीं, कभी कोई कैसेट सुनने के लिये दे देतीं।

नन्दिता जितनी बार उन्हें शैक्षिक सीमाओं में रहने का निर्देश देती, उतनी बार वे उसका उल्लंघन करतीं।

इन हरकतों का असर चाय क्लब तक पर पड़ने लगा। सबने अपना-अपना चाय का प्याला निर्धारित कर लिया। पायल मैडम ने शकुन से कहा, "भई मेरा नीला वाला कप है, मुझे इसी में चाय मिलनी चाहिये। अगर तुमने ग़लती की तो तुम्हीं को पाप लगेगा, नरक में जाओगी और क्या!"

शकुन ने बड़ी बहनजी से कहा, "गुरुजी हम इत्ते बरस चाय बनावा, अब हमसे सँभली ना। आप कौनो और को यह काम दे दें।"

नन्दिता ने समझाया, "तुम चाय की केतली और प्याले मेज़ पर रख दो। सब अपना कप पहचान कर ले लिया करेंगी।"

यह व्यवस्था एक सप्ताह में धड़ाम हो गई। चाय इतनी कम पड़ने लगी कि हर प्राध्यापिका प्यासी मीन की तरह छटपटाने लगी। पता चला, किसी ने तीन बार चाय बाहर से मँगाई, किसी को चाय के बग़ैर चक्कर आ गया। माणिक वर्मा ने क्लास में जाने से इनकार कर दिया।

छात्राओं को शोर करते देख कर नन्दिता से रहा नहीं गया। उसने स्टाफ़रूम में झाँक कर कहा, "माणिकजी, आपकी कक्षा बेचैन हो रही है आपके बिना।"

नन्दिता जैसे ही अपने कार्यालय में बैठी, माणिक वर्मा, पायल सक्सेना का हाथ पकड़े अन्दर आयी और उबल पड़ी, "दीदी, आपने हमें क्लास में जाने के लिये कैसे कहा? आप हमारी प्रतिष्ठा की हानि कर रही हैं।"

"क्लास में जाना, न जाना, प्रतिष्ठा का नहीं, कर्तव्य का प्रश्न है।" नन्दिता ने कहा।

"हमारे पति पी.एम.पी. कॉलेज में पढ़ाते हैं। वे दो साल से एक भी क्लास में नहीं गये, उनके प्राचार्य तो उन्हें कुछ नहीं कहते।"

"यह पी.एस.पी. कॉलेज नहीं है।"

"जानते हैं। वहाँ जैसी स्वाधीनता यहाँ मिलने से रही। यह तो कारावास है।"

"पायल, आपको कुछ कहना था?" नन्दिता उसकी मौजूदगी की वजह जानना चाहती थी।

जवाब माणिक ने दिया, "ये हमारे नैतिक समर्थन में साथ आयी हैं। देखिये दीदी, विषय हमारा है। हमें कोर्स पूरा करना है। हम चाहे ज़ीरो पीरियड में पढ़ायें, चाहे लड़कियों को घर बुलाकर पढ़ायें, आप कहने वाली नहीं होती है।" छोटे से क़द की माणिक वर्मा अपनी नाक हवा में उठाती कार्यालय से प्रस्थान कर गयी।

पिछड़ी और अनुजा अध्यापिकाएँ, तीनों मिसेज़ सिंह थीं, जिन्हें नन्दिता विनोद में सिंह-द फ़र्स्ट, सिंह-द सेकेण्ड और सिंह-द थर्ड कहती थी। तीनों सहृदय थीं, हालाँकि अपने बहिष्कार से वे कभी-कभी दुखी हो जातीं। नन्दिता उन्हें हिम्मत बँधाती, "देखो, आने वाला समय तुम्हारा है। तुम्हारे विषय

में छात्राओं के अच्छे अंक आते हैं। हर साल तुम्हारी छात्राओं की संख्या बढ़ रही है। तुम्हारी वार्षिक रिपोर्ट सबसे बेहतर है।''

''दीदी, कभी आप अपनी खिड़की से देखिये। बाथरूम जाने तक में यहाँ कैसी गुटबन्दी चल रही है।'' वे बतातीं।

वाक़ई नन्दिता ने देखा, लघुशंका के लिये सवर्ण प्राध्यापकों की टुकड़ी में बस वे ही वे होतीं। सवर्णों की लघु और दीर्घशंकाएँ कितनी समझदार होती हैं, यह स्पष्ट पता चलता।

इतनी सड़ी मानसिकता वाली ये शिक्षिताएँ अपने परिवार में कैसे खपती होंगी—यह गम्भीर सवाल था।

12

हर साल की तरह इस साल भी छात्राओं के प्रवेश और मानसून में अद्भुत जुगलबन्दी रही। क़ब्रिस्तान से उमड़-उमड़ कर पानी कॉलेज परिसर में भरता गया। फाटक से कॉलेज के पोर्च तक लल्लन ने कुछ ईंटें डाल दीं जिन पर पैर रखकर सब लोग कॉलेज पहुँचते। जो प्राध्यापिकाएँ स्कूटी वग़ैरह पर आतीं, झींकती रहतीं, "लल्लन, ये ईंटें हटाओ/हमें स्कूटी चलाने में दिक़्क़त हो रही है।" आख़िरकार पानी का उठान स्कूटी से ऊपर पहुँच गया। नन्दिता ने अपनी युनिवर्सिटी को लिखकर छात्रों की प्रवेश-तिथि बढ़ाने की अनुमति माँगी। जल-भराव के कारण कॉलेज परिसर में पहुँच पाना मुश्किल था।

हमेशा की तरह इस बार भी युनिवर्सिटी के रजिस्ट्रार ने लिखा, "प्रवेश-तिथि बढ़ाना सम्भव नहीं है। संस्थागत छात्राओं के परीक्षा फॉर्म इकतीस अगस्त तक स्वीकार किये जायंगे। जल-भराव एक स्थानीय समस्या है, युनिवर्सिटी इसके लिये उत्तरदायी नहीं है।"

पहली बात तो समस्त परीक्षा फॉर्म लिपिकीय कार्यालय में पड़े हुए थे। युनिवर्सिटी के प्रपत्रों में उनकी प्रविष्टि, रजिस्टर से तालमेल और संख्या सूचक चक्र बनाने का काम बाक़ी था।

जब कुछ हल नहीं निकला तो बड़ी बहनजी ने दारागंज से एक नाव मँगायी। बड़े बाबू, फ़ीस बाबू, बिरजू और सुरेन्दर कॉलेज की चाभियाँ ले कर अंदर गये। दफ़्ती की पेटी में समस्त परीक्षा-फॉर्म रख कर नाव पर रखे गये। हल्की बूँदा-बाँदी अभी भी हो रही थी। पेटी के ऊपर बोरा डाला गया। नाव को सीलन से बचाने के लिये बिरजू ने पेटी सिर पर उठा ली, "ये

हम लड्डू गोपाल को मथुरा से गोकुल पहुँचा रहे हैं। बस, जमनाजी पार हो जायं।"

सारे काग़ज़ात आ जाने पर पता चला, फ़ीस के काग़ज़ात और विवरण बड़ी बहनजी के कार्यालय में बन्द हैं जिनके बिना परीक्षा फॉर्म भेजे ही नहीं जा सकते।

अब क्या हो?

बड़ी बहनजी अगर अपनी आलमारी की चाभी दे भी दें, फाटक पर खुले में बैठ कर इतना पेचीदा हिसाब मिलाया नहीं जा सकता। ऊपर से भादों का बादल टिपिर-टिपिर कर रहा था।

सामने के इन्टरमीडिएट कॉलेज के पिछवाड़े से एक रास्ता था जो थोड़े झाड़-झंखाड़ के परे डिग्री कॉलेज तक पहुँचता। इस रास्ते का कभी इस्तेमाल हो नहीं देखा गया था। कॉलेज के लोगों को लगता यहाँ साँप, बिच्छू, गिरगिट की भरमार होगी।

सबकी सलाह पर यह जोखिम उठाने को नन्दिता और कुछ अध्यापिकाएँ तैयार हुईं। अपनी साड़ी की पटली कमर में खोंस पायल, माणिक, करुणा और तीनों सिंहनी उस रास्ते से चल पड़ीं। नन्दिता, बड़े बाबू और बिरजू के साथ आगे-आगे दल का नेतृत्व कर रही थी। रानी लक्ष्मीबाई कॉलेज की टीचरें साक्षात् लक्ष्मीबाई बनी हुई कर्मभूमि में प्रवेश कर रही थीं।

कॉलेज के बरामदे में पहुँच सबको तसल्ली मिली। अपना ठिकाना अपना ही होता है, उन्हें लगा। नन्दिता के कार्यालय से समस्त काग़ज़ात स्टाफ़रूम में लाकर सबने अपने पराक्रम और परिश्रम से दो घण्टों में विवरण तैयार कर डाला। अब बस इतना काम बाक़ी था कि फ़ीस बाबू कल बैंक ऑफ़ बड़ौदा जा कर परीक्षा-शुल्क का बैंक ड्राफ्ट बनवा लें और परसों सवेरे की गाड़ी से कानपुर रवाना हो जायं।

इस बीच बिरजू ने स्टोव पर चाय बना डाली। प्लास्टिक के ग्लासों में पाउडर दूध की मीठी चाय बड़ी रुचिकर लगी। थकान उतरने लगी। तभी माणिक वर्मा ने खिड़की से देखा, उजाड़ के बीच लुंगी-बनियान पहने एक मोटा-सा आदमी खड़ा-खड़ा गालियाँ दे रहा है। उसने पायल सक्सेना का ध्यान उस ओर खींचा और फिर सब उधर देखने लगीं।

सड़क पार कॉलेज के सामने एक बिगड़ा रईस आदमी रहता था जो टाइगर के नाम से जाना जाता था। कई बार उसे यह कहते लोगों ने सुना कि रानी लक्ष्मीबाई इन्टर और डिग्री कॉलेज उसी के दादा की ज़मीन पर बने हुए हैं। उसने दो बार कॉलेज के कार्य-कलाप में हस्तक्षेप करने की कोशिश की। दोनों कॉलेजों की प्राचार्यों ने उसे बढ़ावा नहीं दिया। ज़मीन का यह खण्ड क़ानूनी विवाद में पड़ा था। मैनेजर के साथ उलझने में टाइगर परिवार घबराता था।

टाइगर ने सुबह कॉलेज की प्राध्यापिकाओं को इस उजाड़ और विवादग्रस्त रास्ते का इस्तेमाल करते देख लिया। उसके दिमाग़ में यह विचार कौंधा कि इन्हें परायी ज़मीन पर अनधिकार प्रवेश के मामले में फँसा कर ज़रा रौब जमाया जाय। उसने उन सबके घुस जाने के बाद उस जगह आनन-फ़ानन में एक ईंट की दीवार खड़ी करवा दी। इस वक़्त वह चिल्लाकर कह रहा था, ''दूसरे के इलाके में घुसने की हिम्मत करने वाली टीचरो, यहाँ से निकल कर दिखाओ तो जानूँ। मेरा नाम भी टाइगर है। यह मेरी जायदाद है। यहाँ कोई पैर रखेगा तो पैर तोड़ दिया जायगा। तुम अपने आप को टीचर कहती हो, तुम सब डी.डी. अग्रवाल की रखैलें हो। वहीं जा कर मुँह काला करो। यहाँ पड़े-पड़े सड़ जाओगी, यहाँ से निकल नहीं पाओगी, टाइगर यह दम ठोंक कर कह रहा है।''

करुणा ने हाथ जोड़कर कहा, ''टाइगर साहब, आज ग़लती हो गयी। हमें पता ही नहीं था यह ज़मीन आपकी है। प्लीज़ हमें जाने दीजिये। घर पर सब परेशान होंगे।''

''हा हा हा'', वह रावण की तरह हँसा, ''हिम्मत है तो दीवार फलाँदो।'' लुंगी फटकारता हुआ वह वहाँ से ओझल हो गया।

बड़ी बहनजी ने बिरजू से जवाब-तलब किया, ''रास्ते में इतनी बड़ी दीवार बन गयी, तुम्हें ख़बर ही नहीं हुई। तुम्हारा फ़र्ज़ था कि आ कर हमें बताते।''

बिरजू बोला, ''गुरुजी, हम तो चाय में जुटे रहे। हमें का पता का बन गया।''

पायल गुरुजी फ़ोन पर लगातार अपने पति से सम्पर्क करने की कोशिश में लग गयी कि अगर उनकी सरकारी जीप आ जाय तो कम-से-कम कुछ लोगों का कल्याण हो जाय।

नन्दिता मैनेजर से सम्पर्क करने का प्रयास कर रही थी। फ़ोन लग ही नहीं रहा था। माणिक वर्मा आज तिल्ले की साड़ी पहनकर आयी थी। उसे यहाँ से सीधे किसी के घर सगाई-समारोह में जाना था। वह आगे-पीछे घूमकर अपनी साड़ी का मुआयना कर रही थी कि तिल्ला भीग तो नहीं गया। करुणा कह रही थी कि उसके बच्चे लखनऊ से आये हुए हैं, वह यहाँ फँस गयी है। घर में कौन उन्हें खाना देगा?

तभी समता, प्रेमा और एकता सिंह ने कहा, ''चलो, अपन चलकर दीवार देखते हैं।''

दीवार ताज़ी चिनी गयी थी। अभी केवल गारे की जुड़ाई हुई थी। सीमेंट का पलस्तर बाक़ी था।

समता ने कहा, ''आज ही की बनी है यह, इसे तोड़ना मुश्किल न होगा।''

''इससे क्या, है तो दीवार?''

चपरासियों ने डराया, ''देख लें, गुण्डे से दुश्मनाई करना ठीक न होगा, आप लोगन का रोज़ का आना-जाना है!''

एकता बोली, ''तो क्या यहीं पड़ी रहें? अरे, गाँव में हमने इससे बड़े-बड़े बिटौरा यों तोड़े हैं।'' कहते हुए एकता ने ईंट का एक अद्धा दीवार पर दे मारा। दीवार को कुछ नहीं हुआ, अद्धा छिटक कर दूर जा गिरा।

तब तक समता और प्रेमा कई ईंट-पत्थर उठा लायीं। विनोद बरामदे से कुदाल और फावड़ा ले आया। चपरासी किसी न किसी बहाने इधर-उधर हो गये।

प्रेमा, समता और एकता ने जो जिसके हाथ आया, उसी से दीवार पर प्रहार किया। नन्दिता उठाकर पत्थर-ईंट देती गयी। चारों पसीने और बारिश की बूँदों से नहा गयीं।

प्रेमा ने कहा, ''लगता है, कई घण्टे पहले जुड़ाई हुई है। ईंटों ने गारा पकड़ लिया है।''

समता ने कहा, "बारिश ने मेहरबानी की। नहीं तो पलस्तर भी हो जाता।"

एक बार फिर तीनों दीवार के ऊपर चोट पर चोट करने लगीं।

आख़िरकार भरमरा कर दीवार आधी ढह गयी। एकता प्रसन्नता से चिल्लायी, "दीवार टूट गयी, चलो, चलो हम आज़ाद हो गयीं।"

अभी क़रीब दो फुट ऊँचा बेतरतीब ढाँचा खड़ा था, पर, उस पर चढ़कर बख़ूबी पार जा सकते थे।

बिल्कुल रानी लक्ष्मीबाई के तेवर से तीनों सिंहनियों ने कन्धों पर अपने पर्स लटकाये और टूटी दीवार फलाँद गयीं।

कार्यालय में अभी भी पायल सक्सेना अपने पति को फोन मिला रही थी, "हलो हलो, जल्दी से जीप भेजिए, पानी उतर रहा है।"

❑❑❑